AVALIAÇÃO PSICOPEDAGÓGICA
DA CRIANÇA DE ZERO
A SEIS ANOS

Coleção Psicopedagogia e Psicanálise
Coordenação: Leny Magalhães Mrech
Nádia A. Bossa

– Psicopedagogia e realidade escolar
Beatriz Scoz (org.)
– Avaliação psicopedagógica da criança de zero a seis anos
Vera Barros de Oliveira e Nádia A. Bossa (orgs.)
– Avaliação psicopedagógica da criança de sete a onze anos
Vera Barros de Oliveira e Nádia A. Bossa (orgs.)
– Avaliação psicopedagógica do adolescente
Vera Barros de Oliveira e Nádia A. Bossa (orgs.)

Dados Internacionais de Catalogação na Publicação (CIP)
(Câmara Brasileira do Livro, SP, Brasil)

Avaliação psicopedagógica da criança de zero a seis anos / Vera
Barros de Oliveira e Nádia A. Bossa (orgs.), 22. ed. – Petrópolis
RJ: Vozes, 2015. – (Coleção Psicopedagogia e Psicanálise)
Vários autores.

10ª reimpressão, 2024.

ISBN 978-85-326-1263-2
l. Bebês 2. Crianças – Desenvolvimento 3. Psicologia infantil
4. Psicologia educacional I. Série.

94-2153

CDD-370.15

Índices para catálogo sistemático:
1. Crianças: Avaliação: Psicologia educacional 370.15
2. Crianças até 6 anos: Avaliação: Psicologia educacional 370.15

Vera Barros de Oliveira e Nádia A. Bossa (orgs.)
Leda Maria Codeço Barone, Elsa L.G. Antunha, Marina Pereira Gomes,
Suelly Cecília Olivan Limongi, Rosa Maria Macedo,
Maria Célia Malta Campos

Avaliação psicopedagógica da criança de zero a seis anos

EDITORA VOZES

Petrópolis

© 1994, Editora Vozes Ltda.
Rua Frei Luís, 100
25689-900 Petrópolis, RJ
www.vozes.com.br
Brasil

Todos os direitos reservados. Nenhuma parte desta obra poderá ser reproduzida ou transmitida por qualquer forma e/ou quaisquer meios (eletrônico ou mecânico, incluindo fotocópia e gravação) ou arquivada em qualquer sistema ou banco de dados sem permissão escrita da editora.

CONSELHO EDITORIAL

Diretor
Volney J. Berkenbrock

Editores
Aline dos Santos Carneiro
Edrian Josué Pasini
Marilac Loraine Oleniki
Welder Lancieri Marchini

Conselheiros
Elói Dionísio Piva
Francisco Morás
Gilberto Gonçalves Garcia
Ludovico Garmus
Teobaldo Heidemann

PRODUÇÃO EDITORIAL

Aline L.R. de Barros
Marcelo Telles
Mirela de Oliveira
Otaviano M. Cunha
Rafael de Oliveira
Samuel Rezende
Vanessa Luz
Verônica M. Guedes

Conselho de projetos editoriais
Isabelle Theodora R.S. Martins
Luísa Ramos M. Lorenzi
Natália França
Priscilla A.F. Alves

Secretário executivo
Leonardo A.R.T. dos Santos

Editoração e organização literária: Ana Lúcia Kronemberger
Diagramação: AG.SR Desenv. Gráfico
Capa: Aquarella Comunicação Integrada

ISBN 978-85-326-1263-2

Este livro foi composto e impresso pela Editora Vozes Ltda.

SUMÁRIO

Introdução: Avaliação psicopedagógica da criança
de zero a seis anos: abordagem da prática, 7
Nádia A. Bossa

Capítulo I
A brincadeira e o desenho da criança de zero a seis
anos: uma avaliação psicopedagógica, 21
Vera Barros de Oliveira

Capítulo II
Algumas contribuições da psicanálise para a
avaliação psicopedagógica, 57
Leda Maria Codeço Barone

Capítulo III
Avaliação neuropsicológica na infância (zero a seis
anos), 87
Elsa L.G. Antunha

Capítulo IV
Sugestões para uma avaliação psicomotora no
contexto psicopedagógico, 123
Marina Pereira Gomes

Capítulo V
Da ação à expressão oral: subsídios para a
avaliação da linguagem pelo psicopedagogo, 157
Suelly Cecília Olivan Limongi

Capítulo VI

A família diante das dificuldades escolares dos filhos, 183
Rosa Maria Macedo

Capítulo VII

Psicopedagogo: um generalista-especialista em problemas de aprendizagem, 207
Maria Célia Malta Campos

Introdução:
Avaliação psicopedagógica da criança de zero a seis anos: abordagem da prática

Nádia A. Bossa

Tratar a questão da avaliação psicopedagógica requer, antes de mais nada, um breve estudo sobre a psicopedagogia de forma a esclarecer em que contexto surge a proposta desse livro, ou seja, a observação da brincadeira espontânea da criança como instrumento de avaliação psicopedagógica.

A prática psicopedagógica é um lugar privilegiado para se observar as relações entre estruturas cognitiva e simbólica** ao nível de desejo. Não há mais dúvidas sobre a necessidade das teorias que dão conta das estruturas cognitivas e afetivas conhecerem-se mutuamente. A esse respeito pode-se

---

* Psicopedagoga, mestre em Psicologia PUC/SP; doutoranda em Psicologia e Educação USP; professora da PUC/SP; coordenadora do curso de Especialização em Psicopedagogia do Instituto Metodista de Ensino Superior; coordenadora do Programa de mestrado em Educação da Universidade do Vale do Paraíba; autora do livro: *A psicopedagogia no Brasil: contribuições a partir da prática*. Editora Artes Médicas.

** O símbolo tem sido objeto de estudo de diversas áreas do conhecimento humano. Cassirer, Saussure, Piaget e especialmente os autores da psicanálise Freud, Melanie Klein, Lacan, ocuparam-se do estudo do símbolo na prática clínica. Nos interessa especialmente, neste trabalho, o simbolismo que existe no brincar. A questão da formação do símbolo é tratada cuidadosamente no capítulo II.

dizer que o desconhecimento dessas pode estar mais ligado a cisão constitutiva do sujeito entre conhecimento e desejo do que na pertinência das teorias para abordar o ser humano de forma integrada. A psicopedagogia vem constituindo seu corpo teórico na articulação da psicanálise e psicologia genética. Articulação que fica evidente quando se trata de observar os problemas de aprendizagem, pilar da teoria psicopedagógica. Assim como Freud parte da patologia, o estudo da histeria, e constrói a teoria psicanalítica, os psicopedagogos têm construído sua teoria a partir do estudo dos problemas de aprendizagem. E a clínica tem se constituído em eficiente laboratório da teoria.

Piaget já apontava nessa direção quando, na conferência proferida em sessão plenária da Sociedade Americana de Psicanálise, sob título "Inconsciente Afetivo e Inconsciente Cognitivo", nos dizia que, embora tivesse se ocupado durante cinquenta anos dos estudos sobre a inteligência, estava persuadido que chegaria o dia em que a psicologia das funções cognitivas e a psicanálise seriam obrigadas a se fundir numa teoria geral que melhoraria as duas, corrigindo uma e outra.

A psicopedagogia tem se constituído no espaço privilegiado para pensar tal articulação, apesar de nem sempre ter sido assim. Basta voltar um pouco no tempo para constatar que, até bem recentemente, a prática psicopedagógica esteve assentada em outros pressupostos que não os da psicanálise e epistemologia genética.

Para se compreender o atual estágio da psicopedagogia, o que justifica a nossa proposta, é importante retomar o seu percurso, retomar as ideias de alguns pensadores que ocuparam-se dos problemas de aprendizagem, até os dias de hoje.

Pesquisando a literatura sobre o tema, pode-se verificar que a preocupação com os problemas de aprendizagem teve origem na Europa, ainda no século XVIII. Neste século médicos psiquiatras e filósofos do Iluminismo deram origem ao legado que orientou a prática psicopedagógica até bem recentemente. Uma prática resultante de uma visão organicista dos problemas de aprendizagem.

Em um dos trabalhos de Itard, médico-educador que no século XVIII já se ocupava dos problemas de aprendizagem, aparece a seguinte afirmação: "o ensino pode e deve ser planejado e esclarecido pela medicina moderna, que é de todas as ciências naturais a que pode cooperar mais intensamente no aperfeiçoamento da espécie humana, apreciando as anomalias orgânicas e intelectuais de cada indivíduo, e determinando por conseguinte o que a educação será capaz de fazer por ele e o que dele pode esperar a sociedade" (ITARD: 1801, 193)[1].

Essa crença que perdurou até fins da década de setenta norteou os procedimentos psicopedagógicos imprimindo na avaliação psicopedagógica o caráter de medida das faltas, ou seja, a avaliação como identificação dos déficits, orientando um plano de intervenção com vistas a suprir tais deficiências.

Os motivos da franca aceitação desses pressupostos orgânicos como justificativa para os terríveis índices de problemas de aprendizagem no Brasil e em outros países fogem dos propósitos desse trabalho. No entanto, vale a pena lembrar que quanto maior o espaço destinado ao orgânico, menor o que resta para o psicológico. Desta feita, é fácil compreender o prolongado período no qual se explicou o

---

1. ITARD, J. Memória e relato sobre Vitor de Aveyron, 1801. *In: As crianças selvagens*: mito e realidade, Lucien Malson, 1967.

problema de aprendizagem através de causas orgânicas. Apenas como ilustração, pode-se lembrar por quantos anos se atribuiu o problema de aprendizagem à chamada Disfunção Cerebral Mínima.

Nos trabalhos de George Mauco, um psicanalista que fundou na França um Centro Médico Psicopedagógico, nota-se uma orientação diferente na compreensão destes problemas.

Mauco, no seu livro *L'inadaptation scolaire et sociale et ses remèdes* (1959)[2], diz que o centro procura, como já havia sido tentado entre 1920 e 1928, utilizar os conhecimentos oriundos da psicologia, da psicanálise e da pedagogia, em auxílio das crianças que tivessem dificuldades de aprendizagem, visando obter, na medida do possível, a sua readaptação através de um acompanhamento psicopedagógico, melhorando assim a convivência da criança com o seu meio familiar e escolar. Através dessa cooperação psicologia-psicanálise-pedagogia, esperavam adquirir um conhecimento total da criança e do seu meio, e assim elaborar um plano de intervenção em função da observação do caso.

A referência a esse trabalho é feita porque a forma de tratamento dada aos problemas de aprendizagem no centro fundado por Mauco aponta indícios de uma mudança de abordagem no que se refere ao próprio conceito de problema de aprendizagem e as implicações dessa mudança na prática, chegando à concepção atual. Esta, no que diz respeito aos procedimentos de avaliação, objeto de preocupação deste livro, baseia-se num referencial epistemológico piagetiano e psicanalítico para a observação da manifestação espontânea da criança. Essa perspectiva

---

2. MAUCO, G. *L'inadaptation scolaire et sociale et ses remèdes*. Paris: Bourrelier, [2]1959.

leva o profissional que outrora concebeu sua ação como reeducadora a redimensionar sua prática. Os procedimentos de intervenção passam a ser definidos, não mais a partir das medidas dos déficits, mas como consequência da observação sistematizada da atividade espontânea da criança, especialmente da brincadeira. Essa observação demanda, no entanto, um saber constituído a partir dos conhecimentos teóricos da epistemologia genética, psicanálise, neuropsicologia, psicolinguística.

Um artigo de Freud ilustra a proposta de uma leitura clínica da brincadeira da criança de zero a seis anos. No artigo intitulado "Além do Princípio do Prazer" (FREUD, 1920)[3], Freud faz referência ao simbolismo* no brincar através de considerações sobre a brincadeira de uma criança de um ano e meio cujo desenvolvimento era semelhante ao de outras crianças de sua idade e que era considerada uma boa criança pelos familiares. Um menino muito ligado à mãe, por quem era cuidado, e no entanto não chorava quando a mãe saía por algumas horas. Segundo Freud,

> esse bom menininho, contudo, tinha o hábito ocasional e perturbador de apanhar quaisquer objetos que pudesse agarrar e atirá-los longe, para um canto, sob a cama, de maneira que procurar seus brinquedos e apanhá-los quase sempre dava bom trabalho. Enquanto procedia assim, emitia um longo e arrastado "o-o-o-Ó", acompanhado por expressão de interesse e satisfação. Sua mãe e o autor do presente relato concordaram em achar que isso

---

3. FREUD, S. *Além do princípio do prazer*, 1920. Rio de Janeiro: Imago, 1976 (Edições Stantard Brasileira das Obras Completas de Sigmund Freud), Vol. XVIII.

* Me detenho em mais uma N.R. para que não fiquem dúvidas sobre o fato de as diversas áreas do conhecimento, e neste trabalho especificamente a psicanálise e a epistemologia genética de Piaget, tratar a questão do símbolo diferentemente.

não constituía uma simples interjeição, mas representava a palavra alemã "fort"*. Acabei por compreender que se tratava de um jogo e que o único uso que o menino fazia de seus brinquedos era brincar de ir embora com eles. Certo dia, fiz uma observação que confirmou meu ponto de vista. O menino tinha um carretel de madeira com um pedaço de cordão amarrado em volta dele. Nunca lhe ocorrera puxá-lo pelo chão atrás de si, por exemplo, e brincar com o carretel como se fosse um carro. O que ele fazia era segurar o carretel pelo cordão e com muita perícia arremessá-lo por sobre a borda de sua caminha encortinada, de maneira que aquele desaparecia por entre as cortinas, ao mesmo tempo que o menino proferia seu expressivo "o-o-o-Ó". Puxava então o carretel para fora da cama, novamente, por meio do cordão, e saudava o seu reaparecimento com um alegre "da" ("ali"). Essa, então, era a brincadeira completa: desaparecimento e retorno. Via de regra, assistia-se apenas a seu primeiro ato, que era incansavelmente repetido como um jogo em si mesmo, embora não haja dúvida de que o prazer maior se ligava ao segundo ato (1976: 26-27).*

Freud fala em renúncia instintual referindo-se ao fato da criança ter a possibilidade mental de lidar com a ausência da mãe, que significa também neste contexto lidar com a frustração que funciona como um estímulo para o brincar. Freud diz ainda que "no *início (a criança) achava-se numa situação passiva, era dominada pela experiência; repetindo-a, porém, por mais desagradável que fosse, como jogo, assu-*

---

* "Fort, que a versão inglesa traduz por 'gone', particípio passado do verbo to go, 'ir', 'partir', é advérbio com o mesmo sentido de nosso complemento circunstancial embora, normalmente empregado na expressão 'ir embora', motivo pelo qual assim o traduzimos (N.T.)" (1976: 26).

mia papel ativo. Esses esforços podem ser atribuídos a um instinto de dominação que atuava independentemente de a lembrança em si mesma ser agradável ou não" (p. 27).

Freud afirma que a criança *"não pode ter sentido [...] como agradável ou mesmo indiferente"* (1976: 27) a partida da mãe. No entanto, ao poder brincar (simbolizar) a partida e o retorno da mãe, o menino pôde integrar de forma positiva em sua realidade psíquica uma experiência dolorosa, elaborando-a.

Neste artigo, onde o autor nos mostra a importância e a função da possibilidade de simbolização na constituição afetiva da criança, pode-se verificar para onde a psicanálise dirige o olhar enquanto observador da criança que brinca espontaneamente. Porém, deve-se atentar a uma possível leitura a partir do que oferece a teoria de Piaget sobre a brincadeira do "bom menininho" (como Freud a ele se refere).

Ao observar a brincadeira de tal criança, sob a ótica de Piaget, deve-se se ater ao comportamento inteligente da criança, a intencionalidade de sua brincadeira, o uso do fio como instrumento, a consciência de si como agente construtor da ação sensório-motora num contexto significativo, a repetição cíclica como condição para a formação de esquemas, enfim, a organização significativa de sua ação frente às coisas, no sentido de internalização dessa ação.

Vale lembrar que essa repetição construtiva da ação que se verifica na brincadeira observada por Freud se diferencia da repetição patológica. Nos comportamentos psicóticos a criança repete compulsivamente sua ação como *defesa* para evitar o novo, pois este sempre lhe aparece como ameaçador. O olhar para o corpo da criança que brinca permite diferenciar a repetição construtiva e a repetição ritualística do comportamento patológico. O corpo como instrumento na construção desse espaço e tempo, como enlace entre o biológico e o psíquico, é também elemento de observação nesse livro. As ações sem intencionalidade, inibição, instabilidade, lentidão, dificuldades de comunicação interpessoal, comportamentos estereotipados, alterações na gestualidade, hipo ou hiperatividade constituem perturbações psicomotoras a serem observadas e que expressam o modo de relação desse corpo com o mundo.

Esse corpo, transversalizado pela inteligência e pelo desejo, está articulado ao discurso parental. É do lugar em que é colocada, que a criança se vê. É esse lugar em que se vê que estabelece seus limites e possibilidades. O lugar da criança na família, como relações dinâmicas inconscientes, é fator estruturante, sadio ou patogênico, da personalidade. Uma boa maternidade e uma boa paternidade permitem a criança superar grande parte das dificuldades inerentes ao crescimento e, consequentemente, um desenvolvimento harmônico da personalidade. Mannoni (p. 16)[4] nos diz que "*existe um meio parental sadio para uma criança quando a dependência maior do adulto em relação a essa criança (a qual, no início, é apenas dependência em relação ao adulto) nunca invade o quadro e domina a importância emocional que esse adulto dá à afetividade e à presença complementar de outros adultos*". Cada ser humano é marcado pela relação real que tem com seu pai e sua mãe, e possui uma imagem do homem e da mulher complementares, emprestada imaginatoriamente dos pais (que a criam). A partir desse empréstimo imaginário dos pais reais o sujeito vai se desenvolver, identificando-se com essas imagens segundo as possibilidades do seu patrimônio genético.

---

4. MANNONI, M. *A primeira entrevista em psicanálise*. Rio de Janeiro: Campus, 1986.

O olhar interessado em compreender a natureza das relações da criança com o mundo não pode deixar de ocupar-se da dinâmica familiar. A observação da brincadeira espontânea muito esclarece sobre essa dinâmica e esta, por sua vez, muito esclarece sobre o significado da brincadeira para a criança.

Partindo da observação que Freud fez da brincadeira do menino que simboliza a ausência da mãe, de forma que esta esteja à mercê do seu desejo, e observando essa mesma brincadeira de uma ótica epistemológica, sem deixar de observar as manifestações desse corpo envolvido numa relação com o objeto, a intenção é apontar o lugar de onde se olha a brincadeira espontânea da criança na avaliação psicopedagógica da forma como é proposta neste livro. Ao observar o brinquedo de um filho, aluno ou paciente, pode-se, conforme ver-se-á ao longo desse trabalho, avaliar a marcha do seu desenvolvimento.

É propósito deste livro oferecer elementos que permitam ao adulto perceber inteligência e desejo dialeticamente implicados, através das manifestações de um corpo infantil, que mostra sua relação com o mundo enquanto brinca.

Neste livro, Vera Barros aponta que, através da brincadeira, a criança mostra, desde que se tenha olhos para ver, de que forma está construindo sua história e como está organizando seu mundo. A criança através da sua brincadeira também mostra, quando se trata de diagnosticar uma enfermidade, quais são as fantasias inconscientes na patologia, bem como as fantasias inconscientes de cura. Além do mais, o não brincar é também denunciador de patologia. Sabe-se que um sintoma de neurose grave na criança é a inibição no brincar. A clínica mostra que muitos adultos que não puderam elaborar situações traumáticas e dolorosas foram crianças aparentemente normais que não haviam brincado. A ausência do brinquedo certo, no momento adequado, acarreta perturbações e o fato de não surgir um determinado brinquedo, característico de uma idade, pode ser um sinal de problema no desenvolvimento. O aparecimento e o desaparecimento de um modo de brincar está relacionado à maturação e ao desenvolvimento da criança.

Por volta dos quatro meses inicia-se a atividade lúdica da criança. A criança começa a ser capaz de controlar seus movimentos e coordená-los com a visão, podendo apanhar os objetos que estejam próximos.

Por volta dos seis meses, quando a criança já pode sentar, a sua relação com os objetos se modifica e a criança começa a apoderar-se cada vez mais dos objetos do meio. A sua organização mental também se modifica. Os objetos começam a funcionar como substitutos, ou seja, a criança já pode projetar nos objetos as suas fantasias. Através de seus brinquedos a criança pode reproduzir as situações de perda. Um objeto pode representar a mãe, a criança pode tocá-lo, mordê-lo e abandoná-lo à vontade. O brinquedo de fazer aparecer e desaparecer permite à criança a elaboração da angústia da perda. A criança também desaparece atrás do lençol e volta a aparecer ou abre e fecha os olhos numa brincadeira onde perde e recupera o mundo. Brinca também de atirar um brinquedo ao chão e exige que o devolvam, treinando assim o seu controle sobre os objetos. O temor de perder a mãe desencadeia profunda angústia e é o que define as brincadeiras dessa fase.

Essa brincadeira de sumir e aparecer também se dá em relação ao som. A criança já pode reproduzir sons que já experimentou e os faz aparecer e desaparecer de acordo com a sua vontade.

Ao longo de todo o primeiro ano prevalecem os jogos de aparecer e desaparecer, perda e recuperação, encontro e separação, jogos estes motivados pela angústia de separação. Esses jogos exercitam os esquemas sensório-motores, coordenando-os cada vez mais.

No segundo ano de vida, a criança descobre o oco. Descobre que um objeto pode penetrar outro, uma forma simbólica de manifestação do amor adulto. Sente-se muito atraída pelos objetos que pode penetrar com seus dedos, inclusive os olhos, nariz, boca e ouvidos. As brincadeiras são de pôr e tirar, unir e separar. As diferenças anatômicas são de certa forma observadas nas brincadeiras. As meninas preferem colocar objetos num lugar oco e os meninos preferem objetos com os quais podem penetrar. No entanto, as duas formas de brincar estão presentes em ambos os sexos. Porém, se tudo transcorreu bem até aqui, a preferência se evidencia.

Como nessa etapa da vida da criança os deslocamentos são mais frequentes, pois a criança já engatinha ou anda, o seu campo de ação se amplia e a exploração do mundo se torna mais eficiente. Por isso, a criança agiliza seus esquemas de ação. Inicia-se a internalização da ação através de representação imagética e verbal.

No início do terceiro ano de vida, ou ainda por volta dos dois anos, a criança começa a interessar-se por brinquedos onde transfere substâncias de um recipiente para outro. É o início do controle de esfíncteres que está sendo exercitado através do lúdico. As fezes e a urina são substituídas na brincadeira por areia, terra e água. Ensaiando o controle sobre sua produção, a criança transforma essas substâncias em castelo, comidinha, animais, etc. A fecundidade também passa a ser objeto de preocupação da criança e, por isso, se interessa pelas formas esféricas.

Os jogos de aparecer e desaparecer continuam presentes. A imagem que aparece e desaparece ocupa a vida mental da criança. Então, por volta dos três anos, a criança descobre como reter essa imagem através do desenho e assim pode, mais uma vez, controlar sua angústia. Neste período, a criança aprenderá a lidar cada vez melhor com suas representações, chegando a compreender, por volta dos seis anos, sistemas simbólicos como o número e a escrita. Nesta idade, de aproximadamente três anos, os carros e os trenzinhos são de muito interesse para a criança. Os brinquedos de garagem e pontes simbolizam as fantasias da vida amorosa dos pais, enquanto que as brincadeiras de bonecas e animais referem-se aos desejos de paternidade e maternidade.

De três a cinco anos, os brinquedos tornam-se bastante complexos. A criança intensifica a brincadeira e a fantasia. Como sua vida mental está repleta de imagens, teme perdê-las e encontra no desenho uma forma de lutar contra esta angústia. O desenho se constitui numa forma de recriar a imagem, imobilizando-a e retendo-a. Nesta fase de vida da criança, os desejos genitais são intensos e se expressam em várias atividades. Nas brincadeiras aparecem o brincar de papai e mamãe, de médico, de namorados, de casados.

No sexto ano de vida, os meninos iniciam as brincadeiras com revólveres, espadas, espingardas. São as fantasias de bandido e herói que povoam seus pensamentos, enquanto a menina inicia a identificação com a mãe, usa roupas, sapatos e maquiagem da mãe nas brincadeiras. O pensamento se modificou, a criança está apta a iniciar as operações, aumenta a sua compreensão sobre os fatos da vida e ela já pode aceitar explicações dos adultos e, a partir destas, reestruturar suas hipóteses.

O ingresso na vida escolar modifica as brincadeiras, mas o desejo de saber que vai aparecer na escola (ou não) é uma extensão da curiosidade e da exploração do mundo, que se deu através da brincadeira de zero aos seis anos.

A brincadeira é reveladora da organização psíquica da criança. Ao observá-la e ver seu significado além do aparente, é provável que se poderá contribuir para um crescimento sadio e uma vida adulta mais satisfatória.

Nos capítulos que compõem este trabalho, o leitor encontrará os elementos que o instrumentarão no sentido desse olhar.

capítulo I

Vera Barros de Oliveira

A brincadeira e o desenho
da criança de
zero a seis anos:
uma avaliação
psicopedagógica

Vera Barros de Oliveira*

A maneira como uma criança brinca ou desenha reflete sua forma de pensar e sentir, nos mostrando, quando temos olhos para ver, como está se organizando frente à realidade, construindo sua história de vida, conseguindo interagir com as pessoas e situações de modo original, significativo e prazeroso, ou não. A ação da criança ou de qualquer pessoa reflete enfim sua estruturação mental, o nível de seu desenvolvimento cognitivo e afetivo-emocional.

Aprender a fazer essa leitura é, sem dúvida, um grande e apaixonante desafio, pois, ao tentá-la, cada vez mais vamos desvendando a imensa complexidade e flexibilidade do misterioso processo de adaptação ao meio. Este artigo busca justamente acompanhar mais de perto o fio da meada desse processo, vendo como a criança evolui numa forma cada vez mais abstrata, organizada e significativa, numa progressiva estruturação sintático-semântica, construindo a tomada de consciência de si mesmo e do outro na relação eu-outro.

O enfoque na avaliação lúdica e gráfica é um dos muitos caminhos que nos possibilita ver como a criança inicia seu processo de adaptação à realidade

---

* Doutora em Psicologia pela USP; coordenadora da PRIMAX Centro de aprendizagem e informática; coordenadora do Curso Oficina pedagógica; Pós-graduação *Lato sensu* – Instituto Metodista de Ensino Superior; autora do livro: *O símbolo e o brinquedo*. Vozes, 1992.

através de uma conquista física, prática, funcional, aprendendo a lidar de forma cada vez mais coordenada, flexível e intencional com seu corpo, situando-o e organizando-o num contexto espácio-temporal que lhe é reconhecível, que começa a fazer sentido para a sua memória pessoal. E, como é justamente essa organização significativa da ação sensório-motora que lhe dá condições de, pouco a pouco, ir mudando sua forma de interagir com o meio, no caminho de uma abstração reflexiva crescente.

Quanto mais se amplia a realidade externa da criança mais ela tem necessidade de uma organização interna, ágil e coerente, a fim de arquivar suas experiências e utilizá-las de modo adequado no momento presente. A recíproca é necessariamente verdadeira. Quanto mais se amplia a realidade interna de uma criança mais ela precisa ampliar e organizar sua realidade externa, pois é como se as estruturas mentais tivessem fome; ao serem criadas elas passam a solicitar ação ao sujeito para se alimentarem, se manterem vivas e atuantes. Quando a criança não tem possibilidade de ação ela enrijece sua estruturação mental, não desenvolvendo conexões internas ágeis e funcionais. A maneira de arquivar o vivido torna-se progressivamente internalizada, sistêmica, abstrata e lógica. Há necessidade de organização e economia no processo de arquivamento.

A criança, no segundo ano de vida, além de agilizar incrivelmente seus esquemas de ação externa, começa a aprender a lidar com a internalização da sua ação, ou seja, com a ação representada, quer através de lembranças das situações vividas (as imagens mentais), quer através de palavras que representam os objetos e as ações significativas (a linguagem). Estas duas formas de representação da ação: a imagética e a verbal são formas simbólicas (ou seja, não possuem parte ou aspecto do objeto, mas representam, isto é, funcionam "como se" fossem o objeto) e são distintas e complementares entre si. Enquanto as imagens mentais são muito nossas, pessoais, intransferíveis, carregadas de afeto, as palavras (signos verbais) são arbitrárias, coletivas, sociais. O nascimento dos primeiros signos verbais pode apresentar características simbólicas semelhantes às imagéticas, pessoais e carregados de afeto. Vemos isso na compreensão do que o bebê fala, apenas por sua mãe, ou pelas pessoas mais próximas. A complementação do pessoal com o social, que antes se dá no nível do corpo, no período sensório-motor, começa a se fazer ao nível simbólico de representação mental.

A grande meta, se assim podemos dizer, dos dois primeiros anos de vida, a organização do corpo no meio, a consciência de si como sujeito das próprias ações sensório-motoras, num contexto significativo, é condição da formação e utilização do símbolo, que vem a ser a grande experiência humana.

No período seguinte, dos dois aos seis anos, a criança começa a aprender a lidar com suas representações, agilizando-as cada vez mais, numa combinatória crescente e complementar entre imagens-lembrança e palavras. Quanto mais a criança organiza de forma sistemática e consciente suas representações (verbais e/ou imagéticas) mais ela caminha para o período operatório, que vem a ser justamente a possibilidade de compreender sistemas simbólicos, como a escrita e o número. Do ponto de vista afetivo-emocional, o perceber-se como parte de um todo significativo, quer na família, quer na escola, como alguém ativo, participante, criativo e benquisto, realmente inserido de forma interativa e flexível num meio coerente, também requer uma compreensão subjacente.

A criança, através da formação e utilização das diversas manifestações simbólicas – linguagem, imagem mental, brincadeira simbólica, desenho representativo, imitação na ausência do modelo, fabulação lúdica –, adquire condições de, gradativamente, ir se percebendo como alguém que constrói a própria história de vida de modo ativo e interativo, com progressiva tomada de consciência da lógica subjacente às suas ações.

Este artigo apresenta uma proposta de avaliação baseada na epistemologia genética e na psicanálise, buscando ver como a criança está se organizando para se adaptar ao meio de modo criativo e original, através da formação e utilização da representação simbólica.

A curva evolutiva da brincadeira: uma leitura piagetiana

Acompanhando a evolução da brincadeira na faixa de zero a seis anos, podemos observar as grandes transformações que ocorrem nestes anos e compreender melhor sua importância fundamental no processo de adaptação à vida em geral.

É muito difícil detectar o momento do *nascimento da brincadeira*. Toda ação vem a ser uma busca de um objeto significativo a partir da consciência de sua falta. A primeira forma de consciência é a chamada consciência elementar, ou seja, a corporal. O bebê vivencia fisicamente a falta de algo, vai atrás, e, de certa forma, se transforma, se acomoda para poder assimilar este objeto significativo. Há portanto um movimento que parte do sujeito em busca do objeto, que vai de dentro para fora, eferente, e que exige esforço de transformação, de acomodação ativa. Uma vez acomodado ao objeto, o sujeito o traz para si, num movimento inverso e recíproco ao primeiro, de fora para dentro, aferente, centrípeto, e o assimila, com relaxamento do esforço anterior, com prazer, assimilando-o. Para Piaget existe o brincar justamente quando há um predomínio da assimilação sobre o esforço e a tensão da acomodação.

No início da vida o bebê está aprendendo a lidar com o próprio corpo e a brincadeira tem um papel importantíssimo nesta aprendizagem, através da troca com o meio. *A brincadeira de exercício* é como é chamada a primeira forma de brincadeira que aparece. Como seu nome diz, a criança brincando exercita seus esquemas sensório-motores e os coordena cada vez melhor. É um buscar através dos movimentos e sensações, que visa um retorno prático, funcional, imediato, que quer sentir fisicamente o contato com o objeto. Tem características rítmicas e repetitivas. O bebê, principalmente nos primeiros oito meses, é conservador. Ele encontra muito prazer na repetição, na reprodução. Está por assim dizer esquentando o motor para grandes arrancadas futuras.

Por volta do fim do primeiro mês (Fase I – Período Sensório-Motor) e, com certeza, no segundo e terceiro meses (Fase II – P.S.M.) já se pode falar em brincadeira, através das reações circulares primárias com predomínio da assimilação, que se caracterizam por ser um brincar repetitivo e funcional, com partes do próprio corpo, como com a mãozinha, por exemplo. Por volta do quarto mês (Fase III – P.S.M.), essas reações circulares são chamadas de secundárias, crescendo em complexidade com a conquista da coordenação visomanual, já se podendo falar em uma relativa intencionalidade na ação. A criança repete algo descoberto por acaso, já se descentralizando ligeiramente, incluindo a interação com um objeto fora do próprio corpo, por exemplo ao balançar um móbile.

Com oito meses (Fase IV – P.S.M.) seu universo cresce incrivelmente em abertura e organização, uma vez que pela primeira vez percebe que os objetos ou pessoas continuam a existir mesmo fora de seu campo perceptivo (noção de permanência do objeto). Isso assimilado, consegue organizar suas ações, inclusive lúdicas, determinando meios para alcançar os fins almejados. Afirma-se a intencionalidade da ação, coordenam-se os esquemas secundários, pontua-se a separação objeto-sujeito, o que dá condições de *aparecimento de uma forma ritual pré-simbólica de brincar*, ainda com características repetitivas e funcionais mas já esboçando as primeiras tentativas de uma representação dramática. A consciência de si, do outro e da representação simbólica se vão alicerçando de modo gradual, complementar e recíproco. A criança começa a fazer um teatrinho ritualístico nas situações mais significativas de sua vida, como na hora de dormir, de comer, de se despedir do pai, etc. E este rito já conta algumas vezes com a participação de alguém e/ou de algo muito significativo para ela. São esses objetos ou situações, intermediários entre o si mesmo e o outro, continuação do cordão umbilical e, ao mesmo tempo, muitas vezes propiciadores de condições favoráveis ao processo de separação saudável eu-outro, que Winnicott chama de objetos ou fenômenos transicionais (de transição), como veremos a seguir. A consciência corporal da separação da mãe seria por demais dolorosa se a criança já não esboçasse uma forma présimbólica de representá-la perto de si, controlando seu afastamento.

A crescente coordenação, descentralização e flexibilidade dos esquemas sensório-motores, agora intencionais e pré-simbólicos, propicia uma abertura cada vez maior ao meio, gerando as reações circulares terciárias, que se caracterizam pela progressiva capacidade de inovação e exploração do bebê de 12 a 18 meses (Fase V – P.S.M.). O novo agora o atrai muito e faz com que ele vá mais perto do objeto, o examine mais, o imite, o sinta mais através de novas formas de interação e combinação que vai criando, e lhe dando condições de descobrir novas propriedades dos objetos. Mas, a toda abertura do sistema corresponde um movimento recíproco, complementar e inverso de fechamento, de circunscrição de si mesmo. À medida que a criança se abre ao meio e o explora com agilidade cada vez maior, mais forma uma ideia de si mesma como um todo, separado do meio e em constante relação a ele. Desde o começo, portanto, há *a formação de uma consciência em relação a algo vivido*. O sujeito se percebe dentro de um contexto que diz respeito à sua história. O processo de estruturação mental deve sempre ser visto em seus dois aspectos complementares, o lógico e o biológico (histórico), onde o sujeito vai se organizando e tomando consciência de si mesmo como agente do próprio processo de desenvolvimento, em relação ao objeto do conhecimento. Essa consciência elementar de si mesmo, do eu-corporal, não só eficiente, mas criativo e realmente inserido num contexto histórico, espácio-temporal, é que dá condições à criança de internalizar o vivido. Ela passa então a representar sua ação internamente e a se utilizar de manifestações simbólicas para interagir com o meio. Ela começa a falar, a imitar na ausência do modelo, a se lembrar de algo sem precisar vê-lo.

A brincadeira aqui atesta essa profunda alteração na forma de pensar da criança, que demonstra já ser capaz de introjetar uma situação vivida através de imagens mentais e de projetá-la em outro contexto, através de cenas imaginárias.

Ao acompanhar de perto *a emergência das manifestações semióticas*, enfocando a brincadeira e o desenho da criança, num estudo evolutivo (OLIVEI-RA, 1992), pude observar que as primeiras brincadeiras simbólicas emergem de forma esparsa dentro de uma atividade predominantemente funcional e motora. Elas aparecem concomitantemente às primeiras representações verbais, também isoladas. O símbolo brota a partir do corpo, em meio a manifestações gestuais, que pouco a pouco se tornam evocativas, denunciando uma atividade reprodutora desligada do momento atual. A memória começa a se evidenciar nas brincadeiras e nas palavras. A imitação de modelos ausentes se evidencia. A representação gestual (Imagem Reprodutora Gestual – I.R.G.), na presença do modelo, antecede e prepara a evocação (Imagem Reprodutora – I.R.), que se manifesta na brincadeira. A representação intencional gráfica, por meio do desenho, é muito mais tardia, aparecendo em geral somente após os três anos (Imagem Reprodutora Desenho – I.R.D.). Segundo Piaget (1962) há dois momentos decisivos na evolução do processo de representação imagética simbólica: o primeiro, na passagem dos esquemas sensório-motores aos representativos, quando a criança consegue simbolizar, isto é, separar o significante do significado, ou seja, a representação do que é representado; o segundo, no ingresso do período operatório, quando o pensamento adquire descentralização e flexibilidade suficientes para lidar também com imagens antecipatórias (I.A.), e não mais apenas reprodutoras (I.R.).

Em todo o processo de formação e utilização do símbolo vemos portanto uma agilização crescente das estruturas mentais. Os aspectos figurativos, quer as imagens, quer as percepções, são cada vez mais trabalhados de forma complementar, sistêmica e flexível. O mesmo acontece com os signos verbais. Essa evolução se manifesta claramente na estruturação progressiva dos discursos lúdico e verbal.

A brincadeira da criança cresce em organização. As pequenas e esparsas representações vão constituindo pequenas e, depois, grandes peças de teatro, com sequências temporais bem marcadas, organização espacial das diversas subcenas, distribuição de papéis e funções dos atores. A criança classifica e seria cada vez melhor o que representa, como veremos a seguir.

A brincadeira simbólica dos dois aos quatro anos se desenvolve incrivelmente, tanto em organização como em dramatização. A criança revive situações que lhe foram significativas, como ela as viu ou como gostaria que tivessem acontecido. Aprende ao brincar a vivenciar e a diferenciar a realidade da fantasia, o eu do outro e a ressignificar a realidade conforme sua capacidade de assimilá-la. Em toda representação há um nível de simbolismo consciente para quem o cria e um inconsciente. Piaget denomina de simbolismo primário a representação consciente, e de secundário a inconsciente. Por exemplo, ao fazer de conta que uma vareta é um carrinho, e movimentá-la pelo chão imitando o barulho do motor, a criança está consciente de que está imitando um carrinho, mas pode estar representando também, embora não o perceba, uma fantasia inconsciente.

Assim como a assimilação é sempre muito superior à consciência, isto é, registramos muito mais do que temos consciência de, também a projeção o é. E é a medida que pomos para fora, que manifestamos, quer através de palavras e/ou dramatizações, o que vivemos é que aumentam nossas possibilidades de enxergar o que acontece conosco, e de, realmente, assimilar o vivido. Por isso, o jogo, as dramatizações, o desenho, ou a conversa, são autorreveladores, porque ao nos expressarmos e nos comunicarmos nós nos vemos e nos compreendemos melhor.

As manifestações simbólicas são mecanismos por excelência no processo de tomada de consciência do ser em relação, porque, ao organizar suas representações, o sujeito se organiza, entrando em contato progressivo com sua significação mais profunda, à medida que se sente menos ameaçado e mais criativo. O objeto que assusta deixa de ser tão inibidor à medida que é representado, pois em toda representação é o sujeito que lida com ele à sua maneira.

Na representação simbólica, havendo o predomínio da assimilação, há uma maior probabilidade de emergência de conteúdos inconscientes. Ao projetá-los, o sujeito de certa forma os vê, ainda que de forma simbólica. Isso exige dele uma acomodação, uma transformação interna, o que o leva a buscar uma integração dos mesmos, ou seja, à identificação destes conteúdos como algo seu, pessoal. O campo de consciência se amplia, o sujeito passa a agir de forma mais ativa e a se sentir menos à mercê de situações que ele não domina passando a dominá-las. A personalidade se reintegra a cada representação.

A brincadeira simbólica de dois a quatro anos apresenta as características do pensamento mágico pré-conceitual dessa idade. A criança dá vida aos objetos (animismo), atribui-lhes sensações e emoções, conversa com eles. É uma brincadeira predominantemente solitária, na qual ela vive os diferentes papéis. Quanto mais a criança se aproxima dos quatro anos, mais complexas ficam as dramatizações. Pouco a pouco ensaia um simbolismo coletivo, tentando manter uma cena em conjunto com outras crianças. Isso vai exigir dela muito esforço de descentralização, de aceitar o que a outra criança quer, para poder continuar a brincar. Começa assim a viver o drama de ter que ceder para poder conviver. Em geral, crianças mais velhas introduzem de forma lúdica e natural esse ingresso no social, organizando e liderando brincadeiras em conjunto. O convívio com outras crianças, de diversas idades, é fundamental para o desenvolvimento cognitivo e afetivo-emocional.

A brincadeira simbólica após os quatro anos adquire características progressivamente sociais e introduz lentamente a brincadeira de regras, onde o combinado deve ser respeitado, o que vai se esboçando pouco a pouco, ao chegar perto do período operatório.

A evolução da brincadeira simbólica mostra claramente a evolução da estruturação mental em seu duplo aspecto sintático e semântico.

A criança evolui da organização de pequenas cenas, para grandes cenas, tanto em duração como em complexidade e dramaticidade, onde claramente se percebe o tema central da brincadeira e seus subordinados. A agilidade mental aumenta consideravelmente, com a criança inserindo partes num todo lúdico coerente. Essa organização lógica, com a classificação e a seriação das diversas subcenas num enredo fluente e cheio de sentido, se manifesta na estruturação do tema representativo, sua riqueza contextual, e sua progressiva organização espácio-temporal.

Há portanto uma lógica subjacente, cada vez mais evidente, estruturando a situação representada. O tempo e o espaço se expandem, com a criança lhes dando uma orientação cada vez mais ordenada e sistêmica, pontuando os referenciais principais e os complementares, estabelecendo cada vez mais verbalmente as relações entre os diversos subcontextos.

Por outro lado, as situações também crescem em dramatização. A criança dá mergulhos cada vez mais profundos e traz à tona situações cheias de emoção. A brincadeira simbólica, por ser zona fronteiriça entre a realidade e a fantasia, entre o eu e o outro, entre o consciente e o inconsciente, muito próxima do sonho, dá realmente condições à criança de representar situações carregadas de afeto e emoção, e de se aproximar de forma mais criativa de conteúdos angustiantes. Há possibilidade também de viver os medos e as tensões do outro, de inverter papéis e, portanto, de compreender melhor as relações vividas.

Não há atividade que substitua sua força integrativa. A natureza levou milênios para construí-la. A criança precisa representar para se desenvolver bem. Cabe aos pais, professores e a todos que convivem com ela respeitar-lhe esse direito.

Em suma, podemos distinguir na evolução da brincadeira simbólica:

1. Emergência das primeiras manifestações simbólicas, através da *brincadeira simbólica* ou *jogo dramático*, dentro de um contexto predominantemente funcional e cíclico sensório-motor (Fase VI, P.S.M. – 1,5 a 2 anos);

• O corpo funciona ainda como marco físico do eu. A brincadeira simbólica se organiza à volta do corpo, principalmente na região entre pernas, próxima à região genital;

2. Aparecimento de pequenos *plateaux* lúdicos simbólicos que algumas vezes conseguem se reunir num maior (2 a 3 anos);

• A criança não tem mais necessidade de um marco físico para se organizar (não organiza mais a brincadeira à sua volta);

• As lembranças vêm de mais longe e cada vez maiores, e se manifestam mais sob forma de representação lúdica;

• As verbalizações se fazem principalmente em relação ao eixo presente ou ao passado próximo e mantêm-se presas ao real. O imaginado ainda não adquiriu voz própria, a boneca ainda não fala o que quer ou do que tem medo.

3. Formação de grandes cenas dramáticas (3 a 5 anos);

• Os personagens são cada vez mais uma recriação do sujeito do que uma reprodução (maior diferenciação significante-significado);

• A verbalização se transporta cada vez mais à situação imaginada. A criança fala do representado e os personagens adquirem fala, com voz, timbre, entonação e ritmo próprios;

• A memória combina de forma ordenada diversos momentos do passado;

• Os contextos representados tornam-se cada vez mais vivos e dramáticos, com a emergência de profundos esquemas afetivos;

• As situações são revividas de forma cada vez mais original e ativa, a criança usando sua imaginação para assimilar o que não compreendeu no passado.

4. O simbolismo coletivo e a reaproximação da realidade objetiva, agora em nível mais abstrato (4 a 6 anos);

• As características mágicas e anímicas decrescem com a capacidade da criança de ver a realidade de forma menos subjetiva e mais objetiva;

• Aparece a brincadeira simbólica coletiva, várias crianças encenando uma situação. A fase anterior, a vivência pela criança de vários papéis, lhe possibilitou compreender melhor o outro e brincar com ele. Há portanto, como mostra Winnicott, e como veremos a seguir, uma evolução dos rituais pré-simbólicos (fenômenos transicionais) para o brincar (simbólico), daí para o brincar com o outro e a seguir para o saber viver com o outro. O conviver supõe a consciência da relação eu-outro. Dentro de uma ótica epistemológica piagetiana também, pois o ser humano é visto como um sistema aberto, ou seja, aquele que só sobrevive de forma adaptada, se tiver consciência de que precisa estar constantemente em interação com o meio.

5. Aparecem os primeiros sinais da brincadeira de regras. Acredito que já na brincadeira simbólica coletiva haja necessidade implícita da obediência às regras da encenação. O símbolo, assim, facilita em todos os sentidos a passagem ao social.

As regras aparecem também em jogos de movimento, de palavras etc., criados pela criança ou transmitidos social e culturalmente. No início são um grande desafio. Saber ouvir o outro requer saber se colocar em seu lugar. Perder no jogo com tranquilidade ou controle interno supõe aceitar-se não todo-poderoso.

A brincadeira, mais uma vez, empurra a criança para frente, para o social, pois a duras penas ela vai aprendendo que para continuar a jogar tem que aprender a perder, em outras palavras, para conviver com o outro precisa aceitá-lo separado de si, com vida própria. A compreensão do social supõe uma lógica mais próxima do período operatório, com a compreensão da relação, parte-todo.

O processo evolutivo da brincadeira acompanha portanto toda a abertura e circunscrição do sujeito em relação ao objeto, na progressiva construção da identidade pessoal e social, sempre vistas de forma complementar.

A importância do brincar para Winnicott

O melhor conhecimento da leitura psicanalítica do brincar de Winnicott torna-se muito útil ao psicopedagogo que se propõe a avaliar a criança de zero aos seis anos. Para esse autor o brincar é universal, facilita o crescimento e, portanto, a saúde, conduz a relacionamentos grupais, é uma forma de comunicação consigo mesmo e com os outros; tem um lugar e um tempo muito especiais, não sendo algo só "de dentro", subjetivo, interno, ou só "de fora", objetivo, externo, mas se constituindo justamente num espaço potencial entre o eu e o não eu, entre o mundo interno e o externo, que justamente vão se formando à medida que o brincar se desenvolve de forma criativa e original.

Winnicott não observava de forma passiva as crianças brincando, ele brincava com elas, lidando com a superposição de duas áreas de brincar, a da criança e a do terapeuta, salientando a necessidade de o terapeuta (ou quem quer que seja) ter condições de realmente saber e poder brincar com. Foi também um grande e sensível observador, conseguindo avaliar situações complexas como a da criança brincando enquanto entrevistava a mãe.

Seu estudo nos interessa de perto porque acompanha a importância do brincar no vital e doloroso processo de separação eu-não eu. Mostrando como o lúdico, por ser essencialmente prazeroso, mesmo quando é do tipo autocurativo, ajuda a fluir de forma mais criativa esse corte saudável do cordão umbilical simbólico.

No início da vida, o bebê e o objeto são um só, fundidos um no outro. O bebê vê sua mãe de forma subjetiva e esta busca concretizar aquilo que ele procura. E, nessa hora, a mãe, ou parte dela, fica numa constante oscilação entre ser o que o bebê espera e ser ela própria. Quando a mãe consegue alternar e complementar de forma equilibrada estes dois papéis, o bebê começa a experimentar uma sensação boa, ao mesmo tempo de confiança na mãe e de controle saudável do meio, lidando pouco a pouco com pequenas e suportáveis frustrações.

Nesse processo, o objeto, a mãe, é ora repudiado, ora aceito de novo, e, cada vez mais, percebido de forma objetiva, como separado de si. O bebê experiencia o fato de que o objeto continua a existir mesmo quando ele o rejeita ou agride, e isso lhe dá condições de confiar nessa mãe que tem vida própria. Esse processo o ajuda a elaborar sua onipotência inicial lhe dando condições de ir circunscrevendo seu eu de forma menos mágica e mais real.

Nesse processo ele tem necessidade, muitas vezes, de algo concreto, que represente não a mãe (pois ela ainda não é vista como separada dele), mas justamente a área intermediária da experiência entre o que ele começa a perceber como seu (centrado no erotismo oral) e como não seu (seio da mãe). Winnicott introduz os termos "objetos transicionais" e "fenômenos transicionais" para designar estes objetos que não fazem parte do corpo do bebê e ainda não são reconhecidos como externos a si. Ele já o reconhece como não-eu e já mantém um tipo de relação afetuosa com ele.

Essas primeiras possessões, como por exemplo o ursinho ou o cobertor inseparáveis – muitas vezes vêm associadas a rituais que podem ou não incluir atividades autoeróticas –, se tornam vitais para o bebê, especialmente em situações de maior ansiedade. Assim, ele pode chupar a borda do seu cobertorzinho na hora de ir dormir, como uma defesa contra o medo da separação. O bebê reconhece a textura, o cheiro, a cor e isso lhe dá sensação de continuidade e confiança. O reencontro através das sensações com o vivido, com o conhecido, com o querido, com o desejado é vital para sua afirmação afetivo-emocional. O bebê assume gradativamente direitos sobre o objeto e acredita que ele não vai mudar, a menos que seja mudado por ele. O reencontro, a posse, a conquista de direitos sobre o objeto vão fazendo com que o bebê se afirme.

O aparecimento dos objetos ou fenômenos transicionais começa a surgir por volta dos 4-6 meses a 8-12 meses. Se tentarmos um paralelo com a epistemologia genética, proposto por esta avaliação, vemos que essa transição coincide com a construção da noção de objeto permanente. Não poderia ser de outra forma, já que o objeto do conhecimento só é assimilado e constituído enquanto significativo para o sujeito do ponto de vista lógico e semântico. Há toda uma busca de continuidade e uma conquista do novo no processo da adaptação cognitiva e afetivo-emocional.

A ponta do cobertor, ou qualquer outro objeto transicional, representa para o bebê o seio (ou a mãe), mas o importante nisso é sua realidade concreta. No início ele é pré-simbólico.

Quando o simbolismo se forma, o bebê já consegue distinguir o que é fato do que é fantasia, o que é objeto interno do que é objeto externo, o que é percepção do que é criatividade. Para Winnicott há uma evolução direta dos fenômenos transicionais para o brincar, deste para o brincar compartilhado e daí para as experiências culturais. O importante no brincar não é tanto com o que a criança brinca, o conteúdo, mas sim como ela se envolve, lidando de forma cada vez mais criativa e interativa com seu mundo interno e externo. O brinquedo se aproxima do sonho, reestrutura conteúdos inconscientes, adquirindo formas oníricas de lidar com a realidade interna sem perder o contato com a realidade externa.

O corpo está muito presente em toda situação lúdica. Situações de grande envolvimento podem se associar à excitação de zonas erógenas. Quando a excitação é muito grande, ela compromete o brincar, pois pode fazer com que a criança se sinta ameaçada e insegura frente a situações que não consegue controlar de forma ativa. Esse comprometimento aparece quer sob a forma de uma desorganização motora e/ou verbal, que pode ser acompanhada ou não de agressividade frente aos objetos; quer através de um fechamento em si mesmo, inibindo a atividade; quer através de um comportamento repetitivo e estereotipado, que não ousa se arriscar ou se soltar; ou ainda, de uma grande e compulsiva preocupação com a ordem e a limpeza dos objetos, por projetar neles a desordem e o "sujo" que sente em si. Em suma, a criança perde a espontaneidade, enrijece-se numa defesa contra impulsos ou fantasias que tem medo de não controlar, deixando de se perceber como quem organiza o que faz.

Mas, é justamente o se expor de formas simbólica a situações que a ameaçam ou pressionam, e de experimentar a tensão e o desequilíbrio frente a elas, que dá à criança a possibilidade de se reorganizar e de vir a controlá-las de forma ativa.

A ansiedade é parte inerente a todo processo de crescimento. Crescer é justamente aprender a lidar com a frustração, com a tensão da ausência do outro, com o medo de não revê-lo, com risco de se expor e não ser aceito.

Dentro de um processo saudável de desenvolvimento, a criança vai perdendo sua onipotência inicial e se assumindo como autora da própria história.

O brincar tem um papel insubstituível no processo vital de encontro consigo mesmo e com o outro.

A evolução do desenho segundo Lowenfeld

Através da observação do desenho da criança, podemos obter dados sobre seu desenvolvimento geral, assim como levantar hipóteses de comprometimento afetivo-emocional, intelectual, perceptivo e motor em suas múltiplas interferências.

A expressão gráfica é uma manifestação da totalidade cognitiva e afetiva. Quanto mais a criança confia em si e no meio, mais ela se arrisca a criar e a se envolver com o que faz. Como vimos, a criança segura, consegue se concentrar na atividade porque ameaças internas ou externas não a pressionam demais. Consegue se soltar, acreditar no que faz e se identificar com suas representações. Não há treino ou exercício de coordenação motora que leve a criança a vir a se expressar criativamente através do desenho. E esse é um grande perigo! Para atender a sua ansiedade ou a de muitos pais, vários professores "ensinam" a criança a desenhar, dando modelos a serem copiados ou trabalhos massificados. A criança inibe sua expressão livre para atender a uma solicitação do meio, e o processo de desenvolvimento fica prejudicado.

Numa avaliação é importante que se saiba observar o quanto e como a capacidade de envolvimento, de concentração e de prazer em criar estão presentes.

Muitas vezes, um desenho livre assusta a criança, porque ela não está acostumada a escolher o que faz, e, sim, a responder ao que esperam dela. Algumas vezes a criança, que faz exatamente tudo o que a professora "manda", é justamente a que mais precisa de oportunidades para se expressar, estando ansiosa em compensar uma insegurança interna por uma imagem favorável frente à professora, vista como figura parental.

No desenho, assim como no brinquedo, uma avaliação sintático-semântica procura ver a organização subjacente aos conteúdos, ou seja, como (sistemas lógicos) a criança organiza a *sua realidade* (sistemas de significação: seu contexto espácio-temporal). A análise semântica, portanto, verifica como a criança se posiciona frente à vida, à significação que a vida tem para ela, percebendo-se como criador da própria história, ou não.

Como vimos, a organização lógica percorre o caminho da abstração reflexiva. Por outro lado, a criança não organiza um mundo neutro, mas um mundo que lhe é significativo (OLIVEIRA, 1992). Portanto, a organização sintático-semântica forma um todo, onde a lógica está subjacente e progressivamente consciente para o sujeito.

Observar se a criança se percebe como agente construtor, se atribui um significado pessoal aos objetos desenhados, se consegue se envolver, ou não. Quando ela se sente ameaçada, em geral busca um apoio externo. Essa ansiedade pode se direcionar isolada ou conjuntamente para:

• a pessoa que está com ela enquanto desenha. Por exemplo:

– procura contatos proximais (proximidade física) ou distais (sorrisos e olhares), ou o inverso, isola-se e distancia-se negando a presença do outro;

– busca contatos verbais, confirmando seguidamente se é assim que é para fazer; pede modelos para copiar ou ideias para seguir;

– a própria folha de papel:

– procura apoios físicos e concretos, quer pelo uso constante de réguas, quer pelo traço junto às bordas da folha;

- o próprio corpo:
  – manifesta por vezes tensão exagerada ou inadequada, que se revela no traço muito forte ou muito leve;
  – dificuldade em dissociar o movimento das mãos, ou apresentando sincinesias;
- a própria representação gráfica:
  – dificuldade em aceitar o próprio desenho, ou seja, em aceitar-se, chegando até a negação, quer através do uso constante da borracha, quer riscando por cima, cobrindo o desenho totalmente;
  – dificuldade em se expor, através da repetição rígida, mecânica e estereotipada de figuras;
  – distorção exagerada, ênfase ou omissão de partes significativas do desenho.

A evolução do desenho: em grandes linhas, sua evolução mostra, na primeira infância, três grandes conquistas estruturais da criança. A primeira é quando ela percebe a relação gesto-traço, ou seja, quando percebe que o risco é uma resultante do seu movimento com o lápis. A segunda é quando compreende que pode representar intencionalmente um objeto graficamente e, a terceira, quando consegue organizar essas representações, formando todos significativos, primeiramente muito mágicos e subjetivos, e, depois, cada vez mais complexos, detalhados e próximos à realidade objetiva.

O início da compreensão da representação da fala através da escrita se dá concomitantemente a essa última fase.

Esse é o caminho que a criança percorre do zero aos seis anos e que reflete a passagem do sensório-motor ao operatório, ou seja, o processo de tomada de consciência da organização sistêmica das representações simbólicas de forma cada vez mais abstrata e objetiva.

A evolução do desenho acompanha, assim, o caminho em direção também à escrita, compreendida finalmente pela criança como um todo coerente e simbólico que representa o que se pensa e o que se fala.

Fase I – O começo da autoexpressão gráfica. A etapa da garatuja. De um a quatro anos.

• *a garatuja desordenada* – Aproximadamente de um a dois anos. Ainda não há consciência da relação traço-gesto, e, portanto, a criança muitas vezes não olha para o que faz. Seu maior prazer está em explorar o material e riscar o chão, as portas, o próprio corpo e os brinquedos. Segura o lápis de várias maneiras, com as duas mãos alternadamente. Todo o corpo acompanha o movimento. Não usa os dedos ou o pulso para controlar o lápis. Faz inicialmente figuras abertas, ou seja, linhas verticais ou horizontais, muitas vezes num movimento amplo de vaivém. Com a argila, amassa e bate.

• *a garatuja ordenada* – Aproximadamente a partir dos dois anos, a criança descobre a relação gesto-traço, e se entusiasma muito. Passa a olhar o que faz, começa a controlar o tamanho, a forma e a localização dos desenhos no papel. Varia as cores intencionalmente. Começa a fechar suas figuras através de formas circulares ou espiraladas. Perto dos três anos começa a segurar o lápis como um adulto. Copia intencionalmente um círculo, mas não um quadrado. Descobre, mas não inventa relações entre o que desenhou e a realidade. Com a argila, começa a fazer bolas e "salsichas".

• *a garatuja nomeada* – Aproximadamente a partir dos três anos, faz a passagem do pensamento cinestésico, motor, ao imagético, frente ao desenho, ou seja, representa intencionalmente um objeto concreto, através de uma imagem gráfica. Passa mais tempo desenhando. Distribui melhor os traços pelo papel. Descreve verbalmente o que fez e começa a anunciar o que vai fazer. Relaciona o que desenha ao que viu ou vê, sendo que o significado de seu desenho é quase sempre só inteligível para ela mesma. Alguns movimentos circulares associados a verticais começam a dar forma a uma figura humana (esquema céfalo-caudal). Com a argila, começa a representar figuras rudimentares.

Fase II – A afirmação da representação gráfica – A fase pré-esquemática. Dos quatro aos seis anos.

A consciência da analogia entre a forma desenhada e o objeto representado se afirma. Ou seja, a relação ao nível gráfico significante-significado se constrói definitivamente. Vemos aqui como a representação gráfica é muito mais tardia do que a lúdica e a verbal. Enquanto a brincadeira simbólica e a linguagem já estão bem organizadas, a gráfica só agora começa a se afirmar. A criança que já constrói grandes cenas dramáticas brincando só agora começa a organizar seus desenhos representativos. Essa organização se dá principalmente através da combinação de formas circulares e longitudinais, formando figuras reconhecíveis. A representação da figura humana evolui em complexidade e organização, seguindo dois eixos principais, um vertical (céfalo-caudal) e depois um horizontal (próximo-distal). A representação da cabeça fica cada vez mais elaborada. Aparecem lentamente os braços, as mãos, os pés, muitas vezes com vários dedos, radiados, e às vezes aparece o corpo. Ao se aproximar dos sete anos, a criança já elabora um esquema corporal, com traços duplos representando braços e pernas.

A elaboração da figura humana está intimamente ligada à significação simbólica que as diversas partes do corpo têm para sua história pessoal, para a forma como a criança se percebe frente ao mundo. Assim, omissões, sombreamentos ou distorções podem representar conflitos internos.

A criança desta fase ainda não é capaz de organizar uma representação gráfica formando um todo coerente. Os objetos são desenhados de forma solta e a relação entre eles é subjetiva. Muitas vezes, ocupam posições satélites, gravitando ao redor da figura humana. Não há preocupação com adequação da cor à realidade externa, sua escolha é subjetiva e ligada às emoções do vivido. O tamanho e a disposição dos objetos também obedecem a critérios subjetivos de valor. A criança gosta de variar formas e cores.

Quanto mais caminha para o período operatório, mais organiza seus desenhos de forma coerente e objetiva. Observa-se uma crescente organização espacial analógica à da realidade e uma preocupação em detalhes e fidelidade às cores, formas e proporções reais. O desenho vai perdendo o caráter mágico e anímico que caracteriza o período pré-operatório.

Do ritmo sensório-motor ao símbolo, do símbolo à progressiva compreensão da totalidade operatória, a evolução do desenho manifesta o processo de estruturação mental.

Proposta de avaliação psicopedagógica

Conhecendo melhor a evolução da brincadeira e do desenho, podemos, através da observação e análise da atividade da criança, formar uma ideia mais clara sobre sua estruturação mental (leitura epistemológica), assim como sobre sua organização egoica frente ao meio, sua flexibilidade e mecanismos de defesa (leitura psicanalítica).

Procuramos assim respostas para a pergunta: "A criança representa a sua realidade de forma simbólica?"

Em caso positivo:

1. Como ela representa?

– Como se manifestam suas representações lúdicas? Aparecem de forma esparsa ou já formando cenas complexas? E as gráficas, como se manifestam?

– Como representa a realidade? De forma caótica ou organizada?

– Como se utiliza da linguagem enquanto brinca ou desenha para se comunicar ou se expressar?

– Utiliza-se de suas lembranças pessoais para criar?

– Como trabalha com a realidade e a fantasia? Consegue organizar representações dramáticas cheias de vida ao mesmo tempo que se mantém alerta e flexível ao que se passa a sua volta?

– Como coordena seus esquemas motores, organiza seu corpo num contexto simbólico? Seus movimentos são flexíveis, precisos e espontâneos?

– Como se organiza frente ao novo e ao inesperado? E frente à tensão, à frustração e à perda?

– Altera de forma significativa seu comportamento frente a determinadas situações ou pessoas?

2. O que ela representa?

– Representa a si mesma inserida de forma dinâmica em contextos espácio-temporais significativos?

– Quais os temas que mais aparecem? Como a criança lida com eles?

– Que pessoas são representadas e como o são? Quais as omitidas?

Em caso negativo:

1. Caso a criança ainda não represente e já esteja com idade próxima ou superior a dois anos é recomendável que se peça uma complementação da avaliação através de um diagnóstico psicológico e neurológico.

2. Com idade próxima a um ano e meio procurar comportamentos pré-simbólicos, assim como analisar bem a forma como a criança está usando o seu corpo para se relacionar, principalmente em situações ligadas à mãe. É sempre interessante que se peça nova avaliação para daí a dois ou três meses para que se possa acompanhar a emergência das manifestações da função semiótica.

Em suma, uma avaliação procura compreender o momento observado dentro do processo de desenvolvimento. Uma ótica positiva, buscando ver o que está funcionando bem redimenciona o sintoma, a queixa.

A crença na criança, na hipótese de que ela tem condições de se autorregular desde que tenha condições de representar a sua realidade, reformula todo o trabalho junto a ela, uma vez que o profissional passa a vê-la como principal agente de seu processo de equilibração. Essa visão reduz muito a ansiedade de quem quer achar os caminhos por onde investigar, pois é a criança que nos conduz, quando a deixamos agir.

Dentro dessa perspectiva, *o fundamental, portanto, é, como vimos, observar se a criança está re-*

presentando a sua realidade vivida e como está se utilizando das diversas manifestações simbólicas.

Como nos ensina Ramozzi-Chiarottino (1988) uma criança pode estar apresentando um déficit sem ser deficitária, ou seja, tendo possibilidade de superá-lo.

Uma avaliação se constrói na obtenção e integração de bom número de informações significativas que podemos obter da criança, de sua dinâmica familiar, de sua escola. Esses dados podem algumas vezes ser colhidos de modo informal através da observação da criança em situações diversas como por exemplo como ela chega ao consultório pela primeira vez e nas demais, como se porta frente à mãe, ao pai e aos irmãos, como se separa e se reencontra com a mãe, e assim por diante. Da mesma forma, é importante que se observe e se sinta a mãe em diversas situações, principalmente em relação à criança. Observar a forma como se refere à escola, manifestando confiança e abertura, ou insegurança e rivalidade. Procurar ver se apresenta uma atitude controladora em relação à criança, à professora e até a nós; se projeta ansiedades suas na criança, procurando afirmar-se através da realização escolar do filho, ou busca superprotegê-lo, dificultando seu crescimento a fim de afirmar-se como mãe. A superproteção também pode manifestar uma rejeição velada, manifesta de forma oposta, compensatória. Assim, a mãe que não aceita uma dificuldade do filho, que muitas vezes é visto como prolongamento ou propriedade sua, nega essa dificuldade. Na realidade, ela está negando à criança o próprio direito de agir, pois, ao superprotegê-la, age por ela.

Da mesma forma, o conhecimento do pai é muito importante. Procurar ouvi-lo falar da criança, da família em geral e da escola, buscando sentir se consegue dar limites de forma clara e coerente, mas não rígida, se encontra momentos de convívio mais íntimo com os filhos.

Ao se dar uma devolutiva aos pais, é bom que se lance luz sobre esses mecanismos de defesa, tanto da criança como dos pais em seu relacionamento com ela, sempre com bastante sensibilidade para a condição dos pais de poderem ouvir.

Em relação à escola, além da análise do material escolar, é importante um conhecimento da filosofia e metodologia de ensino adotadas. Verificar se acredita na criança como agente principal no processo de aprendizagem, ou se busca treiná-la ou massificá-la através de infindáveis exercícios de coordenação motora e discriminação visual, muitas vezes mimeografados, nada tendo a ver com a criatividade da criança e a construção de sua autonomia. É bom também que se obtenha informações sobre a forma que a escola usa para se comunicar com a família.

Saber portanto ouvir os pais e a escola é fundamental para uma avaliação psicopedagógica.

Não há um modelo "certo" a ser seguido, uma sequência padronizada; é a própria análise da observação da criança que nos orienta quanto a mecanismos e conteúdos a serem melhor pesquisados. O que flui melhor e o que está mais inibido ou desorganizado em seu processo de aprendizagem.

Após a entrevista com os pais, e o primeiro contato com a escola, costumo começar minha avaliação sempre por *uma situação observacional ativa, que denominei I.B.D. (Interação-Brinquedo-Desenho)*, que consiste em ver como a criança se organiza de forma espontânea frente a material lúdico e gráfico. O observador mantém uma atitude presente mas discreta, intervindo quando solicitado, sempre de forma não diretiva. Esta observação já me permite situar a criança, a grosso modo, em relação a sua formação e utilização de mecanismos simbólicos.

A escolha do material é feita de acordo com a idade da criança e a queixa trazida. Em geral, o material lúdico consiste em peças figurativas (bonecos, carrinhos etc.), não figurativas (sucatas, módulos etc.) e um jogo de regras; o material gráfico consiste em giz de cera, lápis de cor e papel sulfite. O que nos interessa é ver como a criança lida com esse material, a sua forma de combiná-lo e significá-lo.

Muitas vezes, a observação da criança pequena, até dois e três anos, só é possível na presença da mãe, o que nos possibilita ver também o relacionamento entre as duas. Algumas vezes, mesmo com crianças maiores, é interessante observá-las brincando, com e sem a presença da mãe.

O inquérito após o brinquedo e/ou o desenho também pode nos ajudar, desde que tenhamos cuidado em dar muita liberdade à criança para que fale como quiser.

A fim de exemplificarmos o registro e análise vamos acompanhar um protocolo de observação de Ariana, uma criança com dois anos e um mês, frequentando uma creche conveniada com a Prefeitura Municipal de São Paulo. Este protocolo nos mostra como e quando a criança tem condições de representar, o símbolo emerge de forma viva e cíclica, num contexto funcional sensório-motor.

Material apresentado à criança: 1 urso de pelúcia, 1 boneca, 1 travesseirinho, 1 bacia, 1 caixa de sapatos com trapos variados dentro, 1 caixa de giz de cera, lápis e 2 folhas de papel sulfite.

A íntegra deste protocolo está em Oliveira (1989).

Principais momentos da observação

1º momento – Predomínio de comportamento exploratório com início de atividade gráfica. Comunicação verbal.

Ariana entra, olha a sala, o material, senta-se, pega um lápis e começa a riscar o papel fazendo uma garatuja semiordenada. Olha ora para o que faz, ora para os brinquedos, ora para mim. Mostra-me o desenho dizendo: "Ó Tia". Continua se comunicando verbalmente comigo, falando do que vê: "O au-au Tia", apontando o urso, "O nenê, ó Tia", mostrando o rosto sujo da boneca. Enquanto desenha, mexe os pés envolvendo o corpo todo no grafismo. Mostra o sapato: "O papato". Começa a se interessar pela caixa de lápis, a explorar suas aberturas. Comunica o que observa: "Tirou" (lápis).

2º – momento – Início de organização de pequena cena simbólica.

Arruma os personagens (urso e boneca) sentados a seu lado como que assistindo a sua atividade de desenhar. Alterna o riscar com a exploração dos lápis e a comunicação visual comigo e com os bonecos, que adquirem vida.

3º momento – Brincadeira de exercício com os lápis.

Começa a pôr os lápis um a um na bacia, a sacudi-los e a jogá-los cada vez mais longe variando o lugar, numa reação circular terciária. Ri muito. Seu corpo está muito vivo e solto.

4º momento – A exploração se amplia e se especifica, Ariana dá vida aos desenhos da caixa de giz de cera.

Volta a explorar a caixa e, agora, vê suas figuras. Começa a nomeá-las: "Tia, óia a mamãe" indicando uma figura feminina bem loira, apesar de sua mãe ser bem morena; "Ih, o bicho!" mostrando o gato e dizendo a seguir: "Ai!" representando mímica e posturalmente um sentir medo. Aponta outra figura de características assustadoras e simula voz grossa, como se o 'bicho' falasse: "Hô, hô, hô!", representando agora não mais o que sente medo, mas o que mete medo. Volta a jogar os lápis com a bacia. Mantém-se alerta, mas não tensa, ao que se passa a sua volta. Percebe que começou a chover lá fora. Aponta e comunica verbalmente a mim: "Chuva, ó Tia".

5º momento – Retoma pequena brincadeira simbólica combinada ao desenho.

Volta a arrumar a boneca e o urso. Nina-os e volta a sentá-los perto de si, como se a observassem. Continua a desenhar.

6º momento – Retoma a brincadeira funcional com os lápis, dessa vez jogando-os longe e indo buscá-los.

Examina os lápis. Observa demoradamente o giz branco, experimenta riscar com ele e comunica gestual e verbalmente a mim o que descobriu, ou seja, que o lápis branco não desenha. Diz: "Ê Tia" e me mostra o papel em branco. Estranha a realidade, descobrindo uma novidade que consiste numa subclasse: o lápis branco pertence à classe dos lápis mas não é exatamente como os outros, o seu risco não aparece no papel. A atividade leva à formação do conceito.

7º momento – Retoma a brincadeira simbólica numa combinatória mais abrangente, reproduzindo situação vivida.

Ariana organiza uma cena de banho combinando criativamente material lúdico e gráfico. Põe a boneca junto aos lápis dentro da bacia e transforma os lápis em água de banho. Dá banho no urso e na boneca, lavando bem o seu rosto sujo, que havia percebido e assinalado desde o início da sessão. Conta o que faz para mim: "Banho do nenê, ó Tia". Após lavar os bonecos, ela mesma entra na bacia e faz de conta que está tomando banho, usando os lápis como água.

8º momento – Decai a curva da brincadeira simbólica. Aparecem sinais de saciação.

Após o banho, seu envolvimento diminui, sua atividade se volta à exploração breve da caixa de lápis. Todo o seu corpo indica que a atividade lúdica e a gráfica estão terminando.

Podemos através dessa observação ver como a brincadeira, mesmo sendo construída num contexto ondulatório e funcional sensório-motor, já atinge nítida representação simbólica. Vemos como há uma lógica pré-conceitual subjacente, que vai combinando percepções, lembranças, constatações e comunicações verbais. Ariana se envolve com o que faz, ao mesmo tempo que procura manter frequentes contatos gestuais e verbais comigo, o que é próprio de sua pouca idade. Utiliza-se já do símbolo tanto para se autoexpressar como para se comunicar. Já é capaz de dar vida e voz a objetos concretos e até a representações gráficas, como quando finge sentir medo do gato do desenho ou simular voz grossa assustadora, como se o bicho falasse.

Vemos assim como as representações lúdicas, dramáticas e verbais se combinam em uma infinidade de possibilidades e vão à frente das demais representações. A gráfica (o desenho) ainda mantém, como vimos, características sensório-motoras não havendo intenção de representação. Por outro lado, a representação gráfica já é percebida e até dotada de vida por Ariana, que ainda não sabe dar vida a um desenho seu, mas já sabe dar vida a um desenho impresso. A assimilação é sempre muito mais abrangente do que a tomada de consciência e a execução intencional.

Vemos como o símbolo é muito mais complexo e dinâmico no nível inconsciente do que no consciente. As brincadeiras simbólicas que se manifestam em pequenas cenas com Ariana invertendo os papéis e representando a pessoa que cuida dos nenês já atestam que ela sabe que está fazendo de conta, que está representando o papel de mãe. Mas, suas brincadeiras funcionais através de seu caráter cíclico em movimentos alternados, inversos e complementares (pôr e tirar, jogar longe e ir buscar) já podem indicar um experimentar vivenciar para compreender melhor relações de ida e vinda até o objeto, de controle ativo do chegar perto e do ficar longe de. As brincadeiras sensório-motoras podem assim ter uma significação mais profunda, inconsciente, representando a relação dinâmica eu-outro.

Selecionamos uma atividade espontânea de Ariana, uma criança bem pequena, com dois anos, e de classe socioeconômica menos favorecida, frequentando uma creche com duzentas crianças, a fim de procurar mostrar a imensa riqueza, complexidade e precocidade da criatividade infantil, assim como sua importância em todo o processo de desenvolvimento. Que o psicopedagogo, assim como todos que convivem com a criança, saibam cada vez mais vê-la e compreendê-la.

Bibliografia

ABERASTURY, A. *A criança e seus jogos*. Petrópolis: Vozes, 1972.

CHATEAU, J. *O jogo e a criança*. São Paulo: Summus, 1987.

DI LEO. *A interpretação do desenho infantil*. Porto Alegre: Artes Médicas, 1985.

FERREIRO, E. *Reflexões sobre alfabetização*. São Paulo: Cortez, 1987.

LEBOVICI, S. & DIATKINE, R. *Significado e função do brinquedo na criança.* Porto Alegre: Artes Médicas, 1985.

LOWENFELD, V. & BRITTAIN, W.L. *Desarrollo de la capacidad creadora.* Buenos Aires: Capeluz, 1972.

OLIVEIRA, V.B. *O símbolo e o brinquedo.* Petrópolis: Vozes, 1992.

_____ *A formação e a utilização do símbolo.* Inst. Psicologia, U.S.P., 1989 [Tese de doutorado].

PAÍN, S. *Diagnóstico e tratamento dos problemas de aprendizagem.* Petrópolis: Vozes, 1985.

PIAGET, J. *A formação do símbolo na criança.* Rio de Janeiro: Zahar, 1978.

_____ "Le developpement des images mentales chez l'enfanf". *Journal de psych. normal et pathologique*, PUF (1-2): 75-108, jan-juin, 1962. Separata.

RAMOZZI-CHIAROTTINO, Z. *Psicologia e epistemologia genética de Jean Piaget.* São Paulo: EPU, 1988.

VAN KOLCH, O.L. *Interpretação psicológica dos desenhos.* São Paulo: Pioneira, 1968.

WINNICOTT, D.W. *O brincar e a realidade.* Rio de Janeiro: Imago, 1975.

capítulo II

Leda Maria Codeço Barone

Algumas contribuições da psicanálise para a avaliação psicopedagógica

Leda Maria Codeço Barone*

A psicanálise nos ensina que o homem é sujeito a uma ordem inconsciente e movido por desejos que desconhece. Nesta concepção, a vida psíquica – a representação – se inicia com a alucinação, o pensamento inteligente é o substituto (genético) do desejo alucinatório, e apenas o *desejo coloca em funcionamento o aparelho mental.*

Creio que a assunção destas premissas da psicanálise inaugura novo campo de investigação e outro ângulo de considerar o sujeito humano que deverão levar diferentes profissionais a redimensionar sua prática a fim de levar em conta a face desejante do ser humano.

Porém tal proposta é ousada e trabalhosa, pois requer esforço no sentido de articular conceitos retirados de um contexto, a outro, e de necessário movimento de vai e vem constante entre teoria e prática, quer dizer, é preciso *fazer trabalhar os conceitos.*

No entanto, se difícil, não creio impossível, e, talvez seja uma saída quando nos deparamos com muitos casos em nossa clínica psicopedagógica, alguns mesmo egressos de uma psicoterapia, nos quais debalde é nosso empenho em tratá-los, pois constatamos no final que não houve mudança alguma.

---

* Pedagoga; doutora em Psicologia pela USP; psicanalista; membro do departamento de Psicanálise do Instituto *Sedes Sapientiae*; autora do livro: *De ler o desejo ao desejo de ler.* Editora Vozes.

Assim, as ideias que desenvolverei aqui sobre avaliação psicopedagógica estarão ancoradas na afirmação anterior, ou seja: na necessidade de redimensionar a prática psicopedagógica a fim de levar em conta a face desejante do aprendiz. E vão tomar, por isso, a aprendizagem e seus distúrbios do ponto de vista da história evolutiva dos relacionamentos da criança com seu meio, Barone (1984), e como fenômeno relacionado ao desejo – que se busca, se nega, se posterga ou se recusa.

Para tanto, este trabalho será uma continuidade de dois outros, por mim desenvolvidos. O primeiro, *De ler o desejo ao desejo de ler*, Barone (1993), no qual, discutindo o percurso de alfabetização de um menino, tomando-o sob o ponto de vista transferencial, identifico posições narcísicas e edípicas ao longo do processo. E o segundo, *Desejo e aprendizagem: a transferência na relação psicopedagógica*, Barone (1992), no qual discuto alcances e limites do manejo da transferência na relação psicopedagógica, e aponto implicações para a formação do psicopedagogo.

Agora, neste trabalho, pretendo trazer algumas contribuições que a psicanálise pode oferecer para a avaliação psicopedagógica, partindo da afirmação de que a situação de aprendizagem coloca em jogo questões fundamentais do aprendiz e que a forma como ele vai viver esta situação vai depender do nível de organização conseguido em seu processo de acesso ao simbólico.

Antes, porém, de entrar propriamente nestas contribuições, gostaria de situar o lugar da aprendizagem humana e também de rever o caminho da constituição do sujeito humano segundo a psicanálise.

Situando o lugar da aprendizagem humana

O ser humano é aquele para o qual a natureza como está não basta. Diferentemente dos outros animais que trazem, ao nascer, bagagem instintual que lhes garante ancoragem imediata na realidade, permitindo que façam uma experiência de "pertinência cósmica", o ser humano é essencialmente e por definição "impertinente", como nos informa Pellegrino (1987), e terá por isso sua ancoragem na realidade sempre mediada – primeiro pela mãe e depois pela linguagem e cultura.

De fato, ao nascer, o bebê humano é recebido num mundo de cultura e linguagem que o antecede e ao qual necessita ter acesso. Porém falta-lhe os equipamentos necessários para tal. Sua prematuração ímpar cria a necessidade inexorável da presença do outro para garantir sua possibilidade de existência. E é nesse espaço que se situa a aprendizagem humana que estará marcada de forma indelével pela história de seus relacionamentos.

Podemos dizer então que, para o ser humano, o "instinto" não ensina o que é ser homem ou mulher, falar esta ou aquela língua, construir abrigos e vestimentas, se alimentar, produzir, apreciar, divertir-se... desta ou de outra maneira. E é por isso que Paín (1988) vê na sexualidade e na aprendizagem humanas o equivalente funcional do instinto.

Assim é importante considerar que a aprendizagem tem papel fundamental na constituição do sujeito humano; que ela se dá sempre pela intermediação de um outro – primeiro da mãe, lugar de excelência, depois pelos demais representantes da cultura. Porém não se sai incólume desta primeira relação, pois ao lhe dar o código (a linguagem), a mãe funda o desejo, e, por isso, a aprendizagem vai guardar para sempre os resquícios daquilo que lhe serviu de base.

A constituição do sujeito humano

O caminho de acesso à realidade, isto é, da passagem da experiência do mundo como caos indiferenciado, próprio do nascimento, à possibilidade de simbolizá-lo, é, para o ser humano, longo e tortuoso, implicando numa série de configurações distintas, de elementos emaranhados em sua rede de relações. Ao final este percurso leva o ser humano à possibilidade de representação de si e da realidade, outorgando-lhe o direito de se assumir como sujeito desejante. Este caminho, no entanto – cuja proposição "De Narciso a Édipo" serve tão bem como metáfora – repleto de intercalços leva o ser humano do paraíso mágico, onipotente, fálico, próprio do narcisismo primário, à assunção de sua condição marcada pela incompletude. E ele só se faz possível para o sujeito humano, pela e na linguagem, que traz em seu bojo a perda da coisa simbolizada.

Assim, o essencial da constituição do sujeito humano é a substituição, imposta pela experiência, da onipotência infantil pelo reconhecimento do poder e das leis que regem a realidade, e, sobretudo, das leis da linguagem e da cultura.

1. O aparelho psíquico e seu funcionamento

Em *A interpretação dos sonhos*, Freud (1900) apresenta um modelo de aparelho mental no qual existe uma relação de continuidade, de transformação, de um modo de funcionamento primário para outro secundário. Ele propõe um modelo hipotético, ficcional, de um primitivo aparelho mental cuja atividade obedeceria a um princípio homeostásico de manter-se dentro do possível sem excitação. Prossegue discutindo as consequências psíquicas desta experiência, levantando uma segunda hipótese: o acúmulo de excitação é sentido como desprazer enquanto que a diminuição, como prazer; e enuncia então uma corrente deste tipo, indo do desprazer ao prazer, no aparelho mental, que denomina desejo. E finalmente afirma que "somente o desejo é capaz de colocar o aparelho em movimento" (FREUD, 1900: 636).

Com efeito, nos ensina Freud, as excitações provindas, quer seja do mundo externo, quer seja do interior do organismo, no bebê, "buscam descarga no movimento, que pode ser descrito como uma 'modificação interna' ou uma 'expressão de emoção'" (FREUD, 1900: 602). Isto quer dizer: o bebê vai reagir pela agitação motora, gritos, sobressaltos, quer a excitação tenha fonte externa – por exemplo, o aumento do calor provocado por excesso de coberta – quer tenha fonte interna – por exemplo, a fome produzida por necessidade de alimento. Mas se eventualmente a agitação motora pode ser eficaz para afastar uma coberta em excesso, a criança humana é completamente impotente diante das excitações provenientes das necessidades internas, que além do mais não produzem um impacto momentâneo, mas atuam como força constante exigindo satisfação.

Dessa maneira, uma mudança só poderá ocorrer se, efetivamente, for atingida uma "experiência de satisfação" que porá fim à estimulação interna. E tal experiência para o bebê humano só é possível pela intervenção da mãe ou de um seu substituto.

Para explicar este movimento do desejo, Freud enuncia uma dupla memorização: de um lado a formação da imagem mnemônica como memorização da percepção da satisfação, e, do outro, do traço mnêmico do estado de excitação pela necessidade. Freud então denomina de processo primário este modo de funcionamento do aparelho mental, postulando o seguinte:

> Em resultado do elo que é assim estabelecido, na vez seguinte em que essa necessidade desperta, surgirá imediatamente um impulso psíquico que procurará recatexiar a imagem mnemônica da percepção e reevocar a própria percepção, isto é, restabelecer a situação da satisfação original. Um impulso desta espécie é o que chamamos de desejo e o reaparecimento da percepção é a realização do desejo e o caminho mais curto a essa realização é uma via que conduz diretamente da excitação produzida pelo desejo a uma catexia completa da percepção (FREUD, 1900: 602-603).

Notemos então que o processo primário introduz uma *ilusão* de percepção pela repetição de uma percepção anterior, através da regressão tópica, que tem como efeito inverter o curso normal das excitações dos órgãos perceptivos à motricidade.

Gibello (1987) chama atenção aqui para o fato de que esta repetição não é apenas repetição da percepção estésica mas também de uma repetição de prazer, apontando que existe um traço mnêmico do prazer ligado à experiência de satisfação de forma que o processo primário leva simultaneamente a uma *ilusão* de percepção e a uma *ilusão* de prazer, constituindo então como atividade alucinatória claramente contrária a qualquer manifestação de inteligência, pois impede que o pensamento aceda à consciência.

Freud (1900), (1911), no entanto, reconhece o valor ficcional de um aparelho com tal funcionamento. Primeiro porque a 'identidade perceptiva' (alucinação), obtida através do processo primário, não é eficaz para a supressão da necessidade, além de necessitar de investimento constante dos traços mnêmicos, o que ocasiona um dispêndio de energia pulsional. Depois porque esta montagem requer que se inclua a intervenção de um terceiro elemento – a mãe ou seu substituto – para promover na realidade, através dos cuidados que dispensa ao bebê, a mudança efetiva para a satisfação de suas necessidades. E finalmente porque as agruras da realidade (interna e externa) são muitas e iminentes, sendo preciso portanto desenvolver outra forma de lidar com ela, mais objetiva e eficiente, capaz de levar avante o desejo. É preciso então que o mundo interno alucinatório seja barrado e tornado inconsciente.

Assim, Freud vai propor o desenvolvimento de um sistema que no lugar da satisfação alucinatória do desejo possa alterar o mundo externo de maneira a poder tornar "possível chegar à percepção real do objetivo da satisfação" (FREUD, 1900: 637). E postula o desenvolvimento de uma atividade secundária de pensamento com o seguinte:

> A fim de chegar a um dispêndio mais eficaz da força psíquica, é necessário dar um alto à regressão antes que ela se torne completa, de maneira a que não avance além da imagem mnemônica e seja capaz de buscar outros caminhos que finalmente a conduzam à desejada identidade perceptiva que está sendo estabelecida a partir do mundo externo... Mas a complicada atividade de pensamento que é desviada da imagem mnemônica até o momento em que a identidade perceptiva é estabelecida pelo mundo exterior, toda esta atividade de pensamento constitui simplesmente um acesso indireto à realização de desejo que foi necessário pela experiência. O pensamento afinal de contas nada mais é que um substitu-

to de um desejo alucinatório... (FREUD, 1900: 603-604).

Assim constatamos que para Freud o processo secundário se constitui como atividade de inversão do movimento regressivo para a motricidade voluntária controlada pelo ego, o que irá permitir que por meio de objetos situados na realidade se atualize outra vez a lembrança ligada a experiência de satisfação. Porém, agora, não ilusoriamente, mas como resultado do funcionamento progressivo do aparelho mental. E é por isso que Freud afirma, tão veementemente, que "o pensamento não é senão o substituto de um desejo alucinatório"...

Com efeito, pela ativação do processo secundário é colocado em jogo o movimento do corpo, as vocalizações, os gritos, de modo a provocar o aparecimento da mãe. Tal atividade é um prenúncio da utilização da linguagem para obter o objeto desejado.

Mas um estágio importante é atingido quando o processo secundário se utiliza não apenas das representações de coisas derivadas dos traços mnêmicos, mas também das representações de palavras, adquiridas durante a aquisição da linguagem. A partir daí, as atividades de pensamento não estarão mais limitadas ao conjunto finito das representações de coisas memorizadas pelo sujeito (quer dizer, pela experiência imediata), mas estende-se ao universo infinito da linguagem do qual uma das características é a possibilidade de extensão contínua. Voltaremos a este ponto mais adiante articulando-o ao desenvolvimento do ego e assinalando o papel das vivências narcísicas e edípicas relacionadas a ele.

Freud nos diz ainda que estes dois sistemas, o processo primário e o secundário, são regidos por princípios diferentes: o primário pelo princípio do prazer e o secundário pelo da realidade. Eles são o ger-

me daquilo que no aparelho integralmente desenvolvido descrevemos como Inconsciente e Pré-conscien-
te-Consciente, conclui o autor.

1.1. As etapas intermediárias propostas por Ferenczi

Ferenczi (1913), comentando o texto de Freud
"Formulações sobre os dois princípios do funcionamento mental", nos diz que neste importante estudo Freud limita-se a distinguir claramente o estágio
prazer do estágio realidade, além de se preocupar
com os estágios intermediários em que coexistem os
dois princípios do funcionamento psíquico – fantasma, arte, vida sexual. No entanto, deixa sem resposta a questão de saber se é por etapas ou é progressivamente que a forma secundária se desenvolve a
partir da primária. E mais, se é possível distinguir
tais etapas ou denunciar suas derivações na vida normal ou patológica.

Ferenczi (1913), então, escreve um impressio-
nante artigo intitulado "O desenvolvimento do sentido de realidade e seus estágios" no qual pretende
dar conta de estágios intermediários entre estes dois
modos de funcionamento mental, além de trazer outras contribuições importantes a respeito do desenvolvimento do ego.

Ele reconhece que a substituição, imposta pela
experiência, da megalomania infantil pelo reconhecimento do poder das forças da natureza, constitui o
essencial do desenvolvimento do ego.

À ideia de Freud de que seria uma ficção a existência de um organismo que fosse escravo do princípio do prazer e que negligenciasse a realidade do
mundo externo Ferenczi se opõe dizendo haver sim
um estado do desenvolvimento humano que realiza

este ideal. Ele se refere ao período passado no ventre materno, no qual o feto teria todas as suas necessidades de proteção, de alimentação, de calor, asseguradas pela mãe, e neste sentido mal existiria um "mundo exterior". Assim supondo que, mesmo inconsciente, o ser humano tenha uma vida psíquica no corpo materno (e, acrescenta o autor, "seria um absurdo acreditar que o psiquismo só se ponha a funcionar no momento do nascimento", FERENCZI, 1913: 77) ele teria a impressão de ser realmente todo-poderoso. "Pois o que é a onipotência?", pergunta, "senão a impressão de ter tudo que se quer e não se ter nada mais a desejar", conclui o autor (p. 77).

Assim, Ferenczi sustenta a opinião de que a megalomania da criança não é pura ilusão, mas é apenas a exigência do retorno daquele "bom tempo de antigamente" quando era todo-poderosa. O autor então vai distinguir diferentes estágios intermediários, os quais relaciona com conceitos de introjeção e projeção. Por introjeção entende um modo de funcionamento mental no qual há um alargamento do psiquismo de modo a incluir todas as experiências não havendo portanto distinção entre o eu e o não-eu. Assim vai chamar de introjetivos todos aqueles estágios iniciais nos quais predomina a onipotência, e de fase projetiva os estágios de realidade, mesmo considerando que a objetivação do mundo externo não rompa de imediato todo laço entre o eu e o não-eu.

É interessante notar que Ferenczi, além de focalizar em cada estágio o que se passa do ponto de vista da subjetividade da criança, descreve também a relação mãe-bebê, indica como resquícios destas vivências se manifestam na vida normal e patológica. Porém, a meu ver, uma das ideias mais importantes do texto é que Ferenczi dá à frustração (do desejo) o papel de motor do desenvolvimento do ego, identificando a cada estágio situações de frustração.

Ferenczi distingue três estágios iniciais onde predomina a onipotência e por isso considerados como fase de introjeção. São eles: 1 – Período de onipotência incondicional, 2 – Período de onipotência alucinatória mágica, e 3 – Período de onipotência com ajuda de gestos mágicos.

1. *Período de onipotência incondicional*, que se identifica com a situação do bebê no ventre materno, quando tem todas as suas necessidades supridas pelo organismo da mãe. É a situação de não ter nada a desejar, de se ter tudo o que se quer. Este estágio, porém, é rompido pelo nascimento, dando lugar ao período seguinte.

2. *Período de onipotência alucinatória mágica.* Ferenczi observa que a criança, ao nascer, não se mostra absolutamente satisfeita com a perturbação da situação de "quietude desprovida de desejos" que usufruía no ventre materno e que por isso deseja com todas as suas forças voltar àquela situação. A mãe compreende isto, tanto que reage a seus gritos e agitação motora promovendo uma situação de aconchego e cuidados que se aproxima ao máximo da situação intrauterina.

A primeira consequência desta perturbação é o "reinvestimento alucinatório do estado de satisfação". E, por mais curioso que seja, nota o autor, este desejo onipotente da criança – à condição de que se ocupe normalmente dela – se cumpre efetivamente. Assim, do ponto de vista da subjetividade da criança a onipotência que gozava no ventre materno modificou-se apenas porque foi preciso investir de modo alucinatório (representar) o que desejava, mas sem qualquer modificação no mundo exterior. Porém em breve este modo de funcionamento deixa de ser eficiente dando lugar a outro período.

É interessante notar aqui que para Ferenczi, como também para Freud, o representar, e depois simbolizar, é uma espécie de "defesa" para dar conta da ausência do objeto. E que a primeira representação é alucinatória e serve de base para o pensamento.

3. *Período de onipotência com ajuda de gestos mágicos.* De fato, logo o investimento alucinatório deixa de ser eficiente, pois as moções pulsionais surgem sem que o mundo externo (a mãe) tenha conhecimento, quer dizer, há sempre um espaço entre a necessidade e a acolhida dela pelo ambiente. Ainda bem, podemos dizer, porque senão seria a impossibilidade total da subjetivação da criança que ficaria condenada à fusão indiscriminada com a mãe e impedida de constituir-se como sujeito. Assim a satisfação da necessidade vai estar ligada a uma nova condição: "a criança deve produzir (aprender) certos sinais, efetuar certos atos motores (mesmo inadequados) para conseguir modificação da situação externa no sentido de garantir que a "identidade de representação" seja seguida pela "identidade de percepção" da satisfação. Tal estágio caracteriza-se então pelo uso das descargas motoras, já presentes no período anterior, mas agora como *sinais mágicos* cuja emissão logo leva à percepção da satisfação. Naturalmente, como aponta Ferenczi, graças à ajuda externa, da qual a criança nem desconfia. Mas subjetivamente a criança continua onipotente e ela deve sentir, sugere o autor, exatamente o que um "verdadeiro mágico" sente quando apenas um gesto seu basta para provocar no ambiente os acontecimentos mais complexos.

Ferenczi mostra ainda o equivalente deste estágio em duas outras situações. A primeira, pensa na epilepsia essencial, levantando a hipótese de que a crise epiléptica (mesmo sabendo ser difícil separar o físico do psíquico) poderia ser considerada como regressão ao período infantil da satisfação do desejo através de movimentos incoordenados. E a segunda, relativa agora à vida normal, sugerindo que as pateadas, os murros, o ranger dos dentes, etc. que acompanham a cólera da maioria das pessoas tidas como sadias, seriam regressões deste tipo, atenuadas.

Porém aos poucos a criança vai precisar cada vez mais especializar estes gestos, sinais, para produzir no ambiente (através do reconhecimento que a mãe faz deles) a mudança desejada, criando então uma verdadeira linguagem gestual. Aponta um equivalente disto na patologia referindo-se à "conversão histérica" onde os sintomas somáticos têm toda uma simbologia, e na vida normal nos diversos gestos supersticiosos de maldizer ou bendizer.

Mas, com o crescimento da necessidade, tanto em quantidade como em complexidade, surgem situações cada vez mais diversas às quais a criança precisa submeter-se se quiser ter seus desejos satisfeitos. Nos diz Ferenczi: "A mão estendida volta frequentemente vazia, o objeto cobiçado não segue o gesto mágico. Inclusive um poder adverso invencível pode se opor pela força a este gesto e obrigar a mão a voltar à posição anterior" (FERENCZI, 1913: 81). Se até este momento a criança sentia-se todo-poderosa imaginando que o universo obedecia a seus desejos, a frustração vai pouco a pouco produzindo a necessidade de mudança no seu psiquismo distinguindo de seu ego, como constituindo do "mundo exterior" certas coisas malignas que resistem a sua vontade, isto é, vai sendo obrigada a distinguir seus conteúdos psíquicos subjetivos (sentimentos) dos conteúdos objetivos (impressões sensíveis). Inicia então nova fase, agora de projeção, do desenvolvimento do ego. No entanto, este início não rompe de imediato com a onipotência.

A criança atravessa então um *período animista* no qual tende a ver seus órgãos e modo de funcionamento projetados nos objetos da realidade. Assim ela estabelece relações profundas entre sua corporeidade e aspectos da realidade e aprende a figurar com o próprio corpo a diversidade do mundo externo estabelecendo o que o autor chama de *relações simbólicas*.

Aos poucos um meio vai se tornando privilegiado para permitir à criança demonstrar seus desejos e expressar sua vontade: é a linguagem. Originalmente, ela é imitação de sons e palavras produzidas pelo meio. Aos poucos o simbolismo gestual é substituído pelo verbal permitindo o pensamento consciente, que se constitui como a mais alta realização do aparelho psíquico e a única que permite a adaptação à realidade, atrasando a descarga motora e barrando a alucinação.

Mas mesmo assim a criança ainda não está livre da onipotência que pode ser ainda expressa através de palavras e de pensamentos mágicos. É este o período dos *pensamentos e das palavras mágicas*. Ferenczi vai ainda sugerir que é a esse estágio que retorna o obsessivo que não pode desfazer-se do sentimento de onipotência de seus atos e palavras.

Porém só quando a criança se desliga de seus pais, no plano psíquico, é que termina o reino do princípio do prazer, e é neste momento, variável segundo o caso, que o sentimento de onipotência se submete ao reconhecimento do peso das circunstâncias. Ferenczi vai dizer então que "o senso de realidade atinge seu apogeu no saber, enquanto, pelo contrário, a ilusão de onipotência cai a seu nível mais baixo: a antiga onipotência se dissolve aqui em condições". E reconhecer que nossos desejos e pensamentos são condicionados significa o máximo de projeção normal, isto é, de objetivação, conclui o autor.

2. O Narcisismo e o Édipo na constituição do sujeito humano

A possibilidade de acesso ao sentido de realidade está imbricado com o desenvolvimento do ego e da alteridade e ela se realiza através de vivências narcísicas e edípicas.

A primeira experiência do ser-no-mundo é experimentar a realidade como fonte catastrófica de angústia. O ser humano ao nascer, por não ter condições de assimilar a realidade, que é sentida como hostil e impenetrável, recua, buscando abrigo no passado. Esta volta imaginária ao ventre materno é uma defesa contra as asperezas e agruras da realidade experimentada no momento do nascimento. Ela representa um dos fantasmas originários conforme nota Freud, ou o desejo de volta a uma condição já conhecida, como quer Ferenczi. O fato é que ao nascer a criança nega a realidade, atualizando, pelo narcisismo primário, o fantasma da volta à vida intrauterina, fusão absoluta e imaginária ao ventre materno.

Freud (1914) define o narcisismo primário, que não pode ser observado diretamente, mas que deve ser inferido, relacionando-o ao desenvolvimento do ego. Ressalta não existir, desde o início, uma unidade comparável ao ego; ele tem que ser desenvolvido. Ressalta a importância dos pais na constituição do narcisismo do filho. É através dos cuidados dispensados à criança, dos investimentos dirigidos a ela pelo olhar, pelos toques, pela palavra e atenção dos pais, que vai ser possível dar à criança a vivência de perfeição, de ego ideal, de ser amada incondicionalmente. São tais vivências que vão proporcionar à criança sentimento de importância e de valor. Tais vivências são o primórdio do ego e para Freud são elas que organizam as pulsões parciais e preparam a criança para investimento objetal.

Já o narcisismo secundário seria o narcisismo do eu, constituído a partir do retorno do investimento libidinal dos objetos para o próprio eu. E a passagem do narcisismo primário para o secundário se dá quando a criança se vê confrontada com um ideal que se forma fora dela e com o qual tem que se conformar. É uma passagem de um amor incondicional para um amor mediado por certas exigências.

Freud (1914) chama a atenção sobre a castração como principal ataque ao narcisismo original da criança. Para ele o fantasma da castração é arquetípico, faz parte da fantasia original e por isso tem dimensão filogenética, e portanto independe de experiências pessoais.

A castração está inteiramente relacionada ao Complexo de Édipo, tem valor fundante na constituição do sujeito humano e tem raízes arcaicas, ou seja, na própria separação da criança de sua mãe pelo nascimento. Freud (1924) observa ainda que é a ameaça de castração que provoca a destruição da organização genital fálica da criança e salienta que outras experiências de perda a preparam. São elas: a retirada do seio materno e as exigências educativas de controle dos esfíncteres.

É importante agora relatar como Freud conceitua o Complexo de Édipo em sua obra e como tece os fios das relações entre os elementos implicados: criança, mãe e pai. Freud (1916), (1917), (1923) e (1924) nos diz que o menino (para a menina é um pouco diferente) entre os três e cinco anos, durante a fase fálica do desenvolvimento libidinal, ama sexualmente sua mãe e por isso quer eliminar o pai, rival, que impede sua trajetória incestuosa em direção a ela. Perguntando-se sobre o que pode retirar da observação direta da criança nesta fase, Freud coloca: "pois bem, é fácil verificar que o homenzinho quer sua mãe toda para si mesmo, que sente a presença de seu pai como um estorvo, que fica ressentido quando o pai dispensa qualquer sinal de afeição à mãe, e que mostra satisfação quando o pai sai de viagem ou está ausente" (FREUD, 1916, 1917, vol. XVI: 388), e ainda: "O menino pode mostrar a mais indisfarçada curiosidade sexual para com sua mãe, pode insistir em dormir a seu lado, à noite, pode impor sua presença junto a ela quando ela está se vestindo, ou mesmo fazer tentativas reais de seduzi-la... tudo isso demonstra inequivocamente a natureza erótica de sua ligação com a mãe" (p. 388-389).

Freud nos diz que é pelo medo da castração que a criança abandona seus investimentos libidinais em direção à mãe. Para entendimento dessa concepção freudiana a respeito da dissolução do Complexo de Édipo, é necessário distinguir duas etapas da fase fálica, relacionando-as ao complexo de castração, noção esta fundamental – junto com o Complexo de Édipo – e eixo central do arcabouço teórico da psicanálise.

A fase fálica do desenvolvimento libidinal comporta duas etapas distintas, marcadas por teorias diferentes arquitetadas pela criança, a respeito da sexualidade. Inicialmente a criança elabora uma teoria sexual pela qual só existe um sexo, o masculino. A criança acredita então que todos os seres humanos são dotados de pênis, que surge então como falo, como objeto imaginário e não como realidade. Assim, para o menino o falo corresponde ao pênis anatomicamente presente e para a menina a sua falta não é notada. Freud afirma que as investigações sexuais das crianças começam muito cedo, às vezes antes mesmo do terceiro mês de vida. Porém, tal investigação não leva em conta a diferença entre os genitais, que é negada, mesmo depois de ter sido percebida, através da expectativa de que "ele" vai crescer ainda. Freud refere-se aí à primazia do falo, e

Pellegrino diz acreditar que esta negação da falta através do falo possa corresponder a uma defesa primitiva contra o fantasma da castração.

Dessa maneira, na primeira etapa da fase fálica, o falo está presente em todos os indivíduos de forma que a falta do pênis na menina não é notada. O falo passa a ser, na leitura que Lacan faz de Freud, o significante da falta, isto é: algo que representa a presença de uma coisa enquanto ausente.

Na segunda etapa da fase fálica a criança descobre que as mulheres não têm pênis. Esta descoberta, porém, não é percebida como algo que demarque a diferença entre o masculino e o feminino, mas é concebido em função da suposição inicial de que todos têm pênis. Assim, a descoberta da ausência de pênis na menina, vivida como perda, dá lugar a uma outra teoria: a de que o pênis pode ser perdido. O menino articula esta possibilidade ao complexo de Édipo. Vejamos por quê: ele ama apaixonadamente sua mãe e a deseja sexualmente. Quer livrar-se do pai que lhe barra este caminho. Quer, por isso, assassiná-lo e castrá-lo. Como consequência, teme a vingança retaliatória do pai. É este medo de vingança do pai, terrível e vingador, que leva a criança a desistir de seus intentos incestuosos em direção à mãe. Ele teme perder seu pênis, objeto fálico, tão precioso e necessário à sua completude narcísica. É a partir da resolução do complexo de Édipo, conseguido pelo temor da castração, que a criança vai poder assumir sua identidade sexual e ter acesso à cultura, pela internalização das leis e proibições – das quais a do incesto é prototípica – que a regem.

Bleichmar (1984) aponta para o fato de, na concepção de Freud sobre o Édipo, não ficar claro ainda qual a função e o que a mãe quer e como é o funcionamento da estrutura como um todo. Reconhece então o mérito de Lacan ao ampliar o conceito "Complexo de Édipo" freudiano, de modo a incluir, não só o que acontece ao menino, mas acrescentando o que acontece numa situação da qual o menino faz parte.

Bleichmar então nos diz que o Édipo lacaniano é a descrição de uma estrutura intersubjetiva, tomando como conceito de estrutura os seguintes elementos:

1 – Uma estrutura é constituída de posições e lugares vagos que podem ser ocupados por diferentes personagens.

2 – Estes lugares ou posições não são entidades fixas que se definem por si mesmos, mas estão em função de outro personagem. Além disso, estes lugares não estão numa relação de dependência fixa, mas são mutuamente condicionantes.

3 – Outro elemento da estrutura diz respeito ao que Levi-Strauss utiliza para dar conta das estruturas elementares do parentesco, como codificação de alianças e intercâmbio de mulheres dentro do grupo – as mulheres são trocadas entre os homens, circulam entre eles.

4 – Relacionado ao anterior, o que circula é o que vai determinar a posição do personagem – quer dizer: o que circula vai marcando posição, na qual a pessoa que nela se encontra tomará as funções.

Na estrutura edípica proposta por Lacan o que circula é o falo. O falo porém não é o órgão que ele simboliza. Ele é um significante, o significante da falta. Isto quer dizer que ele representa a presença de alguma coisa enquanto ausente.

Bleichmar esclarece melhor esta proposição de Lacan, trazendo algumas dimensões pelas quais se pode definir o termo significante. Primeiro o significante é algo material. Pode ser um vestígio acústico, uma imagem visual, ou qualquer coisa que possa converter-se em perceptível. Segundo: "no significante e por meio do significante alguma coisa fica inscrita que é de outra ordem", quer dizer: o significante marca uma diferença, faz uma transposição de um registro para outro, como a linguagem. E ainda: "O significante inscreve algo que é uma ausência, aparece em lugar da coisa, em substituição de uma ausência".

Aplicando então este conceito de significante ao falo, chegamos ao seguinte: "o falo é o que aparece como o que está no lugar da falta". Assim na subjetividade do menino o falo produz a ilusão de que não falta nada, de que é completo, produzindo por isso a expansão narcísica. Qualquer coisa que possa produzir esta ilusão de completude, de perfeição, é, então, um falo imaginário.

O fato de alguma coisa poder produzir a ilusão de perfeição traz um outro aspecto importante a ser considerado, que é a valoração recebida. Isto significa que se o sujeito possui determinado atributo, possui também valor narcisista máximo e ocupa lugar de preferência aos olhos do desejo do outro. Ele fica então identificado com o Ego ideal. Esta valoração é dada pelo desejo da mãe. Assim qualquer atributo, traço valorizado pela mãe, se tornará falo para o filho.

Enquanto para Freud a questão do Édipo está centrada ao redor da satisfação do impulso, para Lacan, ao redor da satisfação do narcisismo. Dependendo de como o falo circula entre os personagens da trama edípica, fica outorgada valoração máxima, determinando com isso a satisfação do narcisismo. Assim o Édipo lacaniano é descrito em três tempos, representantes de configurações diferentes da circulação do falo na estrutura edípica.

No primeiro tempo o menino é o falo e a mãe tem o falo. No segundo, o menino deixa de ser o falo e a mãe deixa de ter. E é o pai o falo onipotente que vai privar a mãe do falo, separando-a de seu filho. Finalmente, no terceiro tempo o pai tem o falo, mas não é o falo. Este encontra-se fora, instaurado na cultura.

A aprendizagem formal à luz das contribuições da psicanálise: A situação de aprendizagem re-atualiza vivências narcísicas e edípicas

A criança, diante das primeiras experiências de aprendizagem escolar, revive, repete e expressa sua maneira pessoal, particular de lidar com a realidade, esta maneira representa uma reedição da história de suas relações passadas. Assim, as experiências de sucesso ou de fracasso nesta aprendizagem, além de ter sido influenciadas por esta condição pessoal da criança, vão promover consequências no seu narcisismo. Aliás Freud (1914), em seu texto sobre o narcisismo, já reconhecia que são inúmeras as situações que ameaçam o narcisismo da criança, e sugeria também ser este um campo muito frutífero de estudo. E McDougall (1988) fala da anterioridade e primazia das questões narcísicas sobre as edípicas para a compreensão de certos pacientes. Ela nos diz que, antes que a criança possa se preocupar com o outro, ela necessita ter formado uma imagem estável e valorizada de si capaz de garantir sentimento de identidade e de vida psíquica.

Na perspectiva psicanalítica para que a criança tenha acesso à linguagem é necessário que elabore o Complexo de Édipo. Freud (1916; 1917) evidencia a importância deste complexo na estruturação da personalidade, afirmando que é através da resolução do Édipo, pelo medo da castração, que a criança internaliza e se identifica com as interdições e valores culturais veiculados na relação parental, podendo por isso se desvincular dos pais reais para assumir um lugar na sociedade.

Também Lacan (1976) enfatiza a importância da estruturação edípica no acesso à linguagem com suas regras sintáticas e morfológicas. Aliás a castração simbólica, ponto central da trama edípica, nada mais é que a possibilidade de acesso ao Simbólico.

Assumindo as contribuições da psicanálise fica evidente que a aprendizagem escolar coloca em jogo questões fundamentais do aprendiz e que a forma como ele vai viver esta aprendizagem depende do nível de organização conseguido no seu processo de acesso ao Simbólico.

Assim a criança que ainda está às voltas com conflitos pré-edipianos, com questões narcísicas como a possibilidade de construir uma imagem e representação de si mais estável, apesar de falar (nem sempre a fala é simbólica, como podemos observar na fala do esquizofrênico, a qual Segal (1983) denomina equação simbólica) encontra muita dificuldade em aprender (a ler e escrever) exatamente porque não consegue se sujeitar a regras e normas.

Questões colocadas ao aprendiz pela situação de aprendizagem

A – A primeira questão colocada ao aprendiz diz respeito à possibilidade de se suportar separado, de poder lidar com a alteridade.

B – Para suportar aprender, a criança é obrigada a se deparar com a seguinte questão: a de que ela não sabe, de que não é completa, de que algo lhe falta. É necessário que ela possa de alguma maneira suportar estas questões que se articulam diretamente com a possibilidade de lidar com a castração e revivências de antigas feridas narcísicas.

C – Outra questão, ainda relacionada com as anteriores, diz respeito a suportar que o outro (o professor) sabe coisas que ela não sabe. A esta questão a criança pode se ligar de diferentes maneiras: demonstrando sentimentos de inveja, hostilidade, competição, culpa, etc. Pode também submeter-se, colocando-se em lugar de submissão total, de impotência – é o que se observa na aceitação incondicional de verdades absolutas –, tanto do lado do aprendiz como do lado do professor, que às vezes serve-se de seu conhecimento como de um instrumento de poder e de subjugo.

D – Possibilidade de suportar, de aceitar a lei da cultura, a castração. A criança aprende a linguagem que é um bem universal. Porém pela forma como a flexiona, como a deturpa, distorce ou perverte, denuncia sua subjetividade.

E – O conhecimento é sempre parcial. Haverá sempre possibilidade de novos arranjos dos dados da realidade.

Algumas situações para avaliação do modo de aprendizagem

Partindo de colocações anteriores, ou seja, de que a situação de aprendizagem pode ser tomada do ponto de vista transferencial, de que nela o aprendiz repete, revive e expressa seu modo particular de se relacionar com os objetos, resultado da história de seus relacionamentos passados, apresentarei algumas situações para observação, que poderão ser articuladas às questões anteriores: – como a criança lida com o fato de não saber, ou seja, com seu estado de aprendiz; como reage ao conhecimento do outro; como aceita regras e normas e como lida com o fato de que o conhecimento é sempre parcial.

A – Entrevista.

B – Atividade livre – verbalização, desenho, modelagem, brinquedos estruturados, jogos livres e de regras, etc.

C – Pedido de realização de uma tarefa determinada – instrução.

D – Erro cometido, como reage a ele: nega, aceita, disfarça, que angústias manifesta: depressivas, persecutórias, etc.

A – É importante deixar a criança à vontade para falar sobre o fato de estar naquela situação de avaliação. Observar se ela se refere à dificuldade que a trouxe, como se posiciona frente a ela, a escola e demais situações. Reparar como ela se coloca frente ao psicopedagogo.

Após a verbalização inicial da criança (se houver) é interessante pedir que fale sobre as dificuldades que a trouxeram à avaliação, sobre a escola, os colegas, as matérias, os professores.

B – Observação de atividade de livre escolha. Oferecer diferentes tipos de brinquedos, jogos, papel, lápis, tinta, cola, tesoura, borracha, etc. Observar que material escolhe, o tipo de exploração, o tipo de utilização, como se relaciona com o psicopedagogo.

C – Observar como lida com uma instrução dada, para realização de uma tarefa determinada. Se acolhe o pedido, se contesta, consegue apreender o que foi pedido, distorce, reclama, diz que é muito difícil, ruim de realizar, etc.

D – Observar como reage ao erro cometido, ou então quando perde no jogo (reações frente à frustração ou que ameacem o autoconceito). Acata, desiste, fica magoada, foge da situação, agride, nega-se a continuar, finge que não errou, etc. Como se relaciona com o psicopedagogo nesta situação.

As observações das situações acima vão poder trazer informações importantes sobre: angústias e defesas que são mobilizadas pela situação de aprendizagem, pelo erro cometido, pela instrução e pela presença do psicopedagogo.

Também vão deixar aparecer se as questões narcísicas são preponderantes às questões edípicas, ou não.

Tais contribuições não devem ser consideradas como dados fechados, mas entendidos como elementos importantes para organização de atividades mais eficientes para a aprendizagem.

Alguns exemplos

Márcia, menina de seis anos, com dificuldade na alfabetização, trazida para avaliação psicopedagógica, chega falando: "Eu não sei ler". Pega uma folha de papel sobre a mesa. Eu pergunto, "e desenhar"? Responde que sim, e faz um desenho. Pergunto o que desenhou. Ela não responde, pega um livro na caixa de livros e me pede que leia para ela. Leio uma, duas histórias. Paro, e pergunto algo sobre a história. Ela não responde, levanta-se e vai mexer na caixa de letras. Traz algumas letras e pede que eu arrume-as sobre a mesa.

Marcel, menino de sete anos, diante da mesma dificuldade em alfabetizar-se, responde, quando o informo que seus pais haviam me procurado por causa de sua dificuldade, que sabe ler e escrever, apresentando escrita como ideogramas japoneses que inventava. Peço então que leia para mim sua escrita, e ele então a lê.

Patrícia, também de sete anos, frente à mesma dificuldade de alfabetização, chega dizendo que não sabe escrever, vai até a lousa e escreve: C U, e fala que seus colegas na escola escrevem muito nome feio na lousa. Em seguida, começa a me dar aula. Ensina-me vários jogos que inventa.

Apresento estes casos, todos de dificuldade na aprendizagem da leitura e da escrita, mesmo considerando que tais crianças tenham capacidades instrumentais diferentes, para tentar demonstrar que elas também se relacionam de forma diferente com esta aprendizagem.

Marcel se encontra em estágio mais regredido dos três. Ele inventa uma escrita mágica que obtura questões importantes: a sua dificuldade de organização egoica e de lidar com a separação. Também sua dificuldade em aceitar a lei, o que o leva a se valer de sua onipotência.

Márcia demanda o tempo todo que eu faça por ela. Percebo que não suporta frustração e espera que eu a satisfaça sempre. Porém se percebe muito desvalorizada e incapaz.

Já Patrícia apresenta questões edípicas importantes de rivalização com a professora (psicopedagoga) e dificuldade de assumir o lugar de aprendiz. Ela deseja o lugar da professora. Talvez por isso fique tão difícil aprender.

Bibliografia

BARONE, L.M.C. & TRINCA, W. "O uso do desenho história no diagnóstico psicopedagógico". *Boletim*, Associação Estadual de Psicopedagogos de São Paulo. Agosto – 1984, 3(5), 5-16.

BARONE, L.M.C. *De ler o desejo ao desejo de ler*: uma leitura do olhar do psicopedagogo. Petrópolis: Vozes, 1993.

_____ "Desejo e aprendizagem: a transferência na relação de aprendizagem". Conferência apresentada no II Congresso Brasileiro de Psicopedagogia, em julho de 1992, em São Paulo (não publicado).

BLEICHMAR, H. *Introdução ao estudo das perversões* – Teoria do Édipo em Freud e em Lacan. Porto Alegre: Artes Médicas Sul, 1984.

FERENCZI, S. "O desenvolvimento do sentido de realidade e seus estágios", 1913. In: Ferenczi, S. *Escritos psicanalíticos*. Rio de Janeiro: Livraria Taurus Editora.

_____ *A dissolução do complexo de Édipo*, 1924. Rio de Janeiro: Imago, 1980 (ESBOCSF), vol. XIX.

_____ *O ego e o id*, 1923. Rio de Janeiro: Imago, 1980 (ESBOCSF), vol. XIX.

_____ *Luto e Melancolia*, 1917. Rio de Janeiro: Imago, 1980 (ESBOCSF), vol. XIV.

_____ *Conferências introdutórias sobre psicanálise*, 1916, 1917. Rio de Janeiro: Imago, 1980. (ESBOCSF), conferências: XX ("A vida sexual dos seres humanos") e XXI ("O desenvolvimento da libido e as organizações sexuais"). Vol. XVI.

_____ *Sobre o narcisismo*: uma introdução, 1914, Rio de Janeiro: Imago, 1980 (ESBOCSF), vol. XIV.

_____ *Formulações sobre os dois princípios do fundamento mental*, 1911. Rio de Janeiro: Imago, 1980 (ESBOCSF), vol. XII.

FREUD, S. *A interpretação dos sonhos*, 1900. Rio de Janeiro: Imago, 1980 (ESBOCSF), vol. IV e V.

GIBELLO, B. *A criança com distúrbio de inteligência*. Porto Alegre: Artes Médicas, 1987.

KLEIN, M. "A importância da formação de símbolos no desenvolvimento do ego". In: KLEIN, M. *Contribuições à psicanálise*. S. Paulo: Mestre Jou, 1981.

LACAN, J. *Os escritos técnicos de Freud*, Livro 1. Rio de Janeiro: Zahar, 1983.

_____ *Escritos*. São Paulo: Perspectiva, 1978.

_____ "O estágio do espelho como formador da função do eu como é revelada na experiência psicanalítica". In: *O sujeito, o corpo e a letra*. 1977 [Dir. por M.A. Seixo, Lisboa, 1949].

_____ *Las formaciones del inconsciente*. Buenos Aires: Nueva Vision, 1976.

McDOUGALL, J. *Em defesa de uma certa anormalidade*. Porto Alegre: Artes Médicas, 1989.

PAÍN, S. *A função da ignorância*, vol. 1 e 2. Porto Alegre: Artes Médicas, 1988.

PELLEGRINO, H. "Édipo e a Paixão". In: *Os sentidos da paixão*. S. Paulo: Cia. das Letras, 1987.

SEGAL, H. "Notas a respeito da formação de símbolos". In: SEGAL, H. *A obra de Hanna Segal*. Rio de Janeiro: Imago, 1983.

capítulo III

Elsa L.G. Antunha

Avaliação neuropsicológica
na infância
(zero a seis anos)

Elsa L.G. Antunha*

A área de investigação da correlação entre o estudo dos mecanismos cerebrais, implicados na atividade consciente do homem, e a sua perturbação, em casos de lesão cerebral, tem sido denominada de *neuropsicologia*.

Segundo Luria (1973), uma das principais autoridades mundiais nesse campo, a neuropsicologia, um ramo novo da ciência, tem como objetivo a investigação do papel de sistemas cerebrais individuais, em formas complexas de atividade mental. Seus novos métodos procuram facilitar o diagnóstico tópico, precoce e mais exato, das lesões cerebrais locais, procurando não apenas estabelecer programas de ação terapêutica e reeducativa, como também trazer importantes contribuições para uma mais ampla compreensão sobre a atividade mental, bem como sobre toda a psicodinâmica humana.

Os métodos neuropsicológicos, visando ao conhecimento da estrutura interna dos processos psicológicos e da conexão interna que os une, procuram realizar uma análise detalhada das alterações que surgem em casos de lesões cerebrais locais, após o que se faz uma tentativa de mostrar a maneira pela qual complexos sistemas de processos psicológicos são perturbados por essas lesões.

---

* Profa. associada do Instituto de Psicologia da Universidade de São Paulo.

O campo da neuropsicologia é muito complexo. Esta complexidade aumenta, em certo sentido, quando se observa os problemas que ocorrem com crianças, pois, devido à progressiva maturação do sistema nervoso, há necessidade de uma consideração específica sobre a fase de desenvolvimento de cada faixa etária (do nascimento até o final da adolescência).

O exame neuropsicológico constitui-se numa idônea investigação dos distúrbios practognósicos e da linguagem, contribuindo para o diagnóstico, prognóstico e terapia dos mesmos.

Difere da avaliação psicológica uma vez que analisa os defeitos qualitativamente antes que quantitativamente, o que envolve mudanças sensíveis na condução da investigação quanto ao estabelecimento de um tempo mais flexível para a obtenção da resposta, quanto ao menor rigor das instruções e quanto ao critério para a interpretação dos desempenhos, o qual centraliza-se na "análise sindrômica" ou na análise comparativa dos resultados de um grupo variado de provas realizadas pelo paciente, que deverão ser agrupados em uma síndrome unificada. Este agrupamento, segundo Luria (1981), sempre existirá, porque um defeito primário, que interfere com a função própria de uma dada parte do cérebro, inevitavelmente leva a distúrbios de grupos de sistemas funcionais, isto é, leva à manifestação de um complexo-sintomático ou síndrome, composta de sintomas externamente heterogêneos, mas, de fato, internamente inter-relacionados. Esta maneira de abordar a investigação das funções nervosas superiores é, por natureza, mais complexa, exigindo quadros referenciais sobre a organização do sistema nervoso como um todo e do cérebro em particular, a fim de possibilitar a realização de um diagnóstico neurodinâmico, consciente, direcionado ao processo e não ao resultado.

A metodologia neuropsicológica, construída sob o pressuposto da *atividade*, do cérebro vivo, vígil, em ação, executando tarefas, está longe de ser entendida como uma concepção estática. O conceito clássico de localização das funções psíquicas, estreitamente compreendido, passa a ser substituído por uma posição nova que consiste na análise da ação recíproca das zonas cerebrais, a qual proporciona a normal existência dos sistemas funcionais complexos, de como estão ativamente distribuídos estes sistemas no cérebro e que papel desempenha cada uma das áreas do cérebro, que fazem parte desta constelação, na realização de um dado sistema funcional.

Além de revelar o substrato neurológico ao qual se vincula uma atividade particular, revela as estruturas gerais que existem em processos psicológicos diferentes (às vezes, aparentemente, completamente diferentes) e desse modo a neuropsicologia pode abrir mais uma via para a análise fatorial da atividade mental. A esta via Luria denomina: *análise sindrômica*, que permite obter informações objetivas a respeito de lesões das partes mais complexas e especificamente humanas do cérebro e, por isso, do cérebro em funcionamento.

Em resumo, os princípios básicos apontados por este autor, que subjazem à organização funcional do cérebro humano, são os seguintes:

1 – As formas mais complexas de ações humanas requerem a participação de todos os sistemas cerebrais, mas é errôneo admitir que o cérebro humano – o mais alto ponto da evolução – trabalha como um todo indiferenciado e que a qualidade de seu trabalho depende exclusivamente da massa ativa do tecido excitado.

2 – A refutação do enfoque holístico, entretanto, não significa uma volta aos antigos conceitos de

centros nervosos isolados responsáveis pelos complicados processos psicológicos.

3 – O cérebro humano, incluído seu córtex, deve ser entendido como um sistema funcional complexo que inclui o trabalho conjunto de diferentes níveis e áreas, cada uma das quais desempenha seu próprio papel, resultando um sistema funcional em que ocorre a *localização dinâmica de funções*.

A partir destes princípios, Luria estabelece 3 blocos básicos do cérebro humano:

a – *O primeiro bloco* pode ser chamado da energia e do tono; inclui o tronco cerebral superior, a formação reticular e em certo grau as partes mais antigas do córtex límbico e do hipocampo. Este bloco é responsável pelo tono estável do córtex e pelo estado de vigilância. Inclui também uma grande quantidade de "neurônios curiosos" que reagem a cada mudança dos estímulos: as unidades de atenção, de Jaspers.

b – *O segundo bloco* inclui as partes posteriores dos hemisférios: regiões occipitais, parietais e temporais, bem como suas estruturas subjacentes. Pode ser definido como um bloco de *input*, recodificação e armazenamento de informação recebida do mundo externo e proprioceptivo. Sabe-se que os sistemas deste bloco são de alta especificidade modal: o lobo occipital, sendo um centro para análise visual, não participa na decodificação de sinais acústicos, enquanto que o lobo temporal participa apenas de forma limitada e específica na organização da informação visual.

Cada sistema deste bloco tem uma estrutura hierárquica e o trabalho de cada zona primária (ou extrínseca) é organizado por uma zona secundária (intrínseca) sobreposta, com níveis altamente desenvolvidos de neurônios associativos. Apenas uma parte dos neurônios destas zonas são do tipo não-específico de "unidades de atenção", enquanto que a maior parte desempenha uma função altamente específica de excitação dos terminais isolados das diferentes modalidades. A especificidade destas áreas decresce com a transição para as "zonas terciárias" do córtex ou para as "áreas de sobreposição" que incluem unidades que reagem a diferentes modalidades e fornecem uma síntese de influências seriais a alguns esquemas simultâneos.

c – *O terceiro bloco* do cérebro inclui os lobos frontais. Estes constituem a última aquisição do processo evolutivo e ocupam quase 1/3 dos hemisférios humanos. Eles preservam uma estrutura verticalmente organizada, tipicamente das zonas motoras, e suas partes anteriores possuem alguns traços distintivos das "zonas terciárias" mais complicadas. Relacionam-se intimamente com a formação reticular do tronco cerebral, sendo densamente supridas de fibras ascendentes e descendentes; e suas partes médio-basais podem ser consideradas como uma importante estrutura cortical sobreposta aos sistemas do tronco cerebral superior. Têm íntimas conexões com o córtex motor e com as estruturas do segundo bloco, mas, em contraste com este último, seu trabalho não é do tipo de especificidade modal. Suas estruturas só amadurecem durante o quarto e o quinto ano de vida e seu desenvolvimento dá um rápido salto durante o período que é de decisiva significação para a aquisição das primeiras formas de controle consciente do comportamento. Este bloco representa um importante papel na realização dos planos e programas das ações humanas e na regulação e no controle do comportamento humano.

Este modelo de organização funcional do cérebro permite que a partir daí sejam concebidas provas que possibilitem uma verificação adequada não só do papel que desempenham as distintas áreas do cérebro, como também como uma determinada forma de atividade psíquica pode achar-se perturbada por lesões distintas em sua localização.

Deve-se levar em conta que, quando se fala em imaturidade, na infância, esta não deve ser entendida unicamente como deficiência. De acordo com Scherrer (apud AJURIAGUERRA, 1971: 19) a imaturidade funcional do sistema nervoso prende-se a quatro propriedades:

1 – a debilidade numérica dos neurônios ativáveis, que são sempre menos numerosos que no adulto;

2 – a lentidão de condução de sinais;

3 – a debilidade do débito de impulsos neuronais relacionada a uma transmissão sináptica pobre;

4 – a sensibilidade particular dos neurônios ao ambiente, por ocasião de determinadas fases do desenvolvimento: sensibilidade "plástica eletiva".

Na infância, pois, o sistema nervoso é imaturo, o que equivale a maior plasticidade ao lado, *ipso facto*, de maior vulnerabilidade, uma vez que a redundância e a confiabilidade são nessa fase mais frágeis.

A depender, também, do momento em que o sistema nervoso foi danificado pode haver a destruição de uma função já estabelecida ou o bloqueio da emergência da função ainda em fase de organização.

As características desta organização nova, ou da desorganização de função já existente, estarão na dependência de fatores como: localização funcional, massa destruída além da própria natureza da lesão.

Outro aspecto ainda a ser considerado é o ajustamento de toda a personalidade às novas formas de organização determinadas pelo sistema deficitário. Estas envolvem não só a utilização de novos sistemas, como também uma reação global do organismo à nova situação.

Por sua vez, a tentativa de comprovar e compreender as correlações entre estas estruturas nervosas superiores se faz cada vez mais presente, ao mesmo tempo em que as afirmações neste campo se tornam mais cautelosas, devido à consciência da complexidade de que este tema se reveste, particularmente na primeira infância.

A rápida evolução das estruturas e funções cerebrais no período perinatal, afirma Ajuriaguerra (1971), explica a variabilidade diacrônica dos sinais neurológicos e a dificuldade em isolar os agrupamentos semiológicos que corresponderiam a uma visão sincrônica.

A correlação, continua ele, entre a maturação progressiva das condutas humanas e a maturação neurofisiológica, não deve estar baseada na simples justaposição de sistemas neurológicos.

Alguns critérios devem ser lembrados:

1 – aquilo que existe em um certo período da evolução e as modificações cronológicas que se produzem como consequência;

2 – aquilo que existe, desaparece, reaparece e volta a desaparecer em sequências mais ou menos longas;

3 – aquilo que evolui no sentido de uma progressão funcional sucessiva e que se elabora até adquirir uma certa forma mais ou menos definitiva, a partir da qual o processo se modifica por refinamentos ou modificações sequenciais de funções.

Anatomia, funções e funcionamento, se bem que mantenham estritas relações entre si, possuem, cada um, suas próprias leis de evolução e situam-se em níveis de organização distintos.

Segundo Cowan (1979: 68), no desenvolvimento de qualquer parte do cérebro podem ser identificadas oito fases principais, as quais, por ordem de seu aparecimento, são as seguintes: 1) a indicação da placa neural; 2) a proliferação localizada de células nas diferentes regiões; 3) a migração de células da região onde são geradas até os lugares onde finalmente irão se estabelecer; 4) a agregação de células para formar as partes identificáveis do cérebro; 5) a diferenciação dos neurônios imaturos; 6) a formação de conexões com outros neurônios; 7) a morte seletiva de certas células; 8) a eliminação de algumas das conexões formadas inicialmente e o estabelecimento de outras.

A imaturidade do sistema nervoso e a contínua evolução neurológica pela qual a criança atinge a maturação acarreta, assim, sérios problemas ligados à interpretação dos achados, pois não raras vezes aspectos claramente patológicos são subestimados, enquanto que desempenhos normais para a idade são diagnosticados como anormais.

O cérebro em desenvolvimento é uma estrutura extremamente plástica. Ainda que muitas regiões possam estar bem conectadas, outras, como o córtex cerebral, estão abertas a diversas influências, tanto intrínsecas como ambientais. A capacidade do cérebro para reorganizar-se em resposta a influências externas ou a uma lesão localizada é atualmente uma das áreas em que mais está trabalhando a investigação neurobiológica, não só pela óbvia importância de fenômenos tais como a aprendizagem e a memória e, por sua influência, sobre a capacidade do cérebro para recuperar-se depois da lesão, mas também porque é provável que revele muito sobre seu desenvolvimento normal.

Partindo do modelo inicialmente proposto por Luria para a investigação das funções nervosas superiores em adultos vou discutir alguns procedimentos gerais e outros, mais específicos para a faixa etária de zero a seis anos.

De início é preciso lembrar que, diferentemente do adulto, o cérebro da criança está em desenvolvimento, seus processos maturacionais, ainda que programados geneticamente, como em todas as espécies, têm características próprias ligadas à maior complexidade de seu sistema nervoso, o que possibilita grande diferenciação e especificidade de funções. No longo processo de maturação, a aprendizagem ocorre paralelamente e ambos os fenômenos passam a ser reciprocamente complementares.

Ao nascimento o sistema nervoso encontra-se em estado de prematuração, mas as formações de material neurônico, a constituição e a distribuição dos agrupamentos de neurônios estão quase terminados. Já no sétimo mês de vida intrauterina, o número de células que integram a estratificação arquitetônica do córtex cerebral está adquirido (dez mil milhões de células nervosas) e a este número praticamente nada se acrescentará depois do nascimento.

O material neurônico de sustentação e vascularização do aparelho cerebral é ainda uma organização espacial prévia ao funcionamento da vida de relação: estilos do mundo exterior, coordenação sensório-motora, construção das formas adaptáveis, etc.

É com a *experiência* que se dará a maturação do sistema nervoso, que se diferenciará o subjetivo e o objetivo, que se organizará a vida psíquica.

Esta maturação depende, em especial, do processo de *mielinização*, que obedecendo a leis constantes diferenciará as diversas porções do sistema nervoso, estendendo-se, após o nascimento, da subcorticalidade à corticalidade, influindo sobre a grande via piramidal e sobre os analisadores perceptivos corticais.

Não cabe neste trabalho uma exposição mais detalhada sobre o *exame neuropsicológico infantil.*

Vamos, entretanto, apresentar, de acordo com Christensen (1975), quais seriam as áreas a serem cobertas por um exame:

– *anamnese* feita com o próprio paciente a fim de conhecer seu estado de consciência, bem como suas próprias queixas.

– *determinação da dominância cerebral.*

– *funções motoras* (das mãos – praxias orais; regulação verbal do ato motor).

– *organização acústico-motora* (percepção e reprodução de relações tonais).

– *funções superiores cutâneas e cinestésicas* (sensação cutânea, sensibilidade muscular e articular; estereognosia).

– *funções visuais superiores* (percepção visual; orientação espacial; operações intelectuais no espaço).

– *fala receptiva* (audição fonêmica; compreensão da palavra; compreensão de operações simples; compreensão de estruturas lógico-gramaticais).

– *fala expressiva* (articulação de sons da fala; fala reflexa (repetitiva); função nominativa da fala; fala narrativa.

– *escrita e leitura* (análise e síntese fonética de palavras; escrita; leitura).

– *habilidade aritmética* (compreensão da estrutura numérica; operações aritméticas).

– *processos mnésicos* (processo de aprendizado; retenção e evocação; memorização lógica).

– *processos intelectuais* (compreensão de gravuras e textos temáticos; formação de conceitos; atividade intelectual discursiva).

Infelizmente não cabe neste resumido trabalho expor o quadro completo de todas as provas relacionadas a cada uma destas funções mencionadas, assim como os mecanismos cerebrais subjacentes.

Partindo deste esquema e anexando o de Jubert pode-se considerar o seguinte:

– *Ativação e atenção* – elementos fundamentais de toda atividade neuropsicológica. A ativação (no sentido de nível de vigilância) deve estar concatenada com a atenção (no sentido de capacidade de focalização da atividade).

– *Memória* – Em sua vertente de evocação de material codificado (comparação com a informação recebida) e em sua vertente de fixação de nova informação.

– *Emoção.*

– *Cognição* – Distinguindo uma dimensão de *percepção e gnosia* (reconhecimento modal específico, através de analisadores visual, auditivo e somestésico), *processamento conceitual* (pensamento) e *ação* (resposta verbal ou não verbal).

A *linguagem* (distinguindo dois grandes sistemas: *oral* e *escrito* ou dois grandes polos: *receptivo* ou *expressivo*) forma parte, com sua especificidade, do sistema cognitivo.

– *Regulação:* Representa a capacidade de controle global da conduta independente, com planos, objetivos e formas concretas de ação.

O exame neuropsicológico infantil, portanto, visando a uma apreciação integrada da personalidade, deve ser construído e administrado de forma a poder concluir não apenas quanto às funções afetivas, conativas e intelectuais que se encontram prejudicadas, mas também correlacioná-las aos mecanismos neuro-anátomo-fisiológicos responsáveis pelas dificuldades apresentadas, bem como deve o exame prestar-se a estabelecer de forma clara o diagnóstico diferencial, demonstrando quais são os aspectos prioritariamente afetados e quais são os sintomas decorrentes ou secundários. É neste ponto que a investigação neuropsicológica se comporta como um afinado instrumento de diferenciação, de "localização dinâmica de função" alterada e, portanto, de formulação prognóstica e terapêutica.

Um importante aspecto da investigação neuropsicológica é o acoplamento do diagnóstico ao planejamento terapêutico ou reeducativo.

Bem definidas as áreas deficitárias, bem como as integridades, bem estabelecidos os processos pelos quais cada cérebro melhor opera, procede-se à montagem daquilo que denominaríamos de um *plano de terapia neuropsicológica.*

Os mesmos referenciais utilizados no diagnóstico dão sustentação, agora, à organização de uma metodologia corretiva, em que são levadas em conta as condições dos analisadores individualmente; as "transduções" entre os analisadores, os níveis hierárquicos em que cada função se encontra organizada; os desempenhos ao nível automático e voluntário; a consideração sobre os aspectos verbais e não-verbais; a dominância hemisférica.

O exame começa com a anamnese que é feita com os pais e com a criança, isto é, os dados oferecidos por uma e outra parte deverão ser postos em confronto. O primeiro ponto a ser observado é o grau de *consciência* que cada parte tem, a respeito das dificuldades: como as expressa, qual a opinião sobre as suas origens, qual a expectativa, o plano de valores relativamente ao futuro, as propostas terapêuticas, a evolução. A anamnese estende-se para a obtenção de informações vindas da escola e eventualmente da visita ao lar. A análise do "Diário do bebê" ou do álbum de fotos da família são muito úteis. Podem aclarar sobre a organização familiar e sobre o desenvolvimento neuropsicomotor da criança e de seus irmãos.

Os cadernos escolares (COSTA, 1993) são também uma fonte muito rica de observação do desenvolvimento acadêmico da criança, bem como de muitos outros dados sobre a metodologia adotada pela escola, além de outros problemas de ordem emocional que ela possa expressar em suas lições. A análise, ano a ano, dos cadernos, muito esclarece sobre a natureza da dificuldade, em suas origens.

Todos estes procedimentos relacionados à anamnese e ao levantamento de situações de ordem familiar e escolar contribuem para o grau de consciência que existe em relação ao problema por parte da criança, dos pais e professores.

O nível de consciência por parte da criança não só sobre seu estado mental, como também sobre o alcance de suas dificuldades, é importante passo para a condução dos problemas e, num certo sentido, orienta o tipo de tratamento que *pode* e *deve* ser feito. Será muito elucidativo se o paciente puder ser visto com um grupo de crianças e com os irmãos.

Atenção e nível de vigília

A determinação do nível de consciência, de atenção e de vigília é um passo inicial no exame, e deve durar todo o tempo, pois disto dependerá a análise dos resultados.

Esta função cerebral determina a capacidade do paciente de relacionar-se tanto consigo como com o ambiente, portanto, qualquer alteração afetará os processos mentais superiores.

Deve ser feita uma distinção entre o conteúdo da consciência e a vigília. Enquanto o conteúdo refere-se às funções mentais superiores em si, pois a consciência é o seu produto final, a vigília refere-se à ativação do córtex, a partir da formação reticular do tronco cerebral e do sistema talâmico de projeção. Podemos dizer que o nível de consciência representa um equilíbrio dinâmico dos sistemas corticais e ativador ascendente.

Em um *continuum* podemos falar que a consciência vai desde uma completa vigília até o estado de coma, entre estes havendo o estado de letargia ou sonolência e o estupor ou semicoma.

Na infância estes aspectos podem se manifestar sob a forma de uma constante necessidade de estimulação, sem o que a criança é impelida a dormir ou a abstrair-se, ou distrair-se; diminuição dos movimentos espontâneos; perda do fluxo do pensamento; mudança de uma conversa para outra; desatenção; problemas de memória; dificuldade na interação social; irresponsabilidade no trabalho; fadiga e até mesmo hiperatividade sensorial ou motora.

A atenção pode ser medida verificando-se a capacidade da criança de atender a um estímulo específico sem ser distraída por estímulos ambientais estranhos e isto deve ser observado durante todo o tempo da prova, para se resguardar a validade dos resultados.

A seguir, três aspectos da personalidade devem ser investigados: a esfera afetivo-emocional, a conativa e a intelectual.

A primeira, afetivo-emocional, deve ser analisada tanto através de observação em situação lúdica, sobretudo quando se trata de crianças menores, como através de testes. Em situação lúdica a criança expressa de maneira mais ampla, vivencial, não verbal, suas fantasias, sua forma de ver, apreciar e organizar o mundo, seus valores, seus relacionamentos objetais, com pessoas, coisas, animais, com a natureza, com a vida e com a morte.

A leitura desta manifestação é muito difícil necessitando por parte do observador uma decodificação perfeita daquilo que nem ela mesma sabe que está exibindo (OLIVEIRA, 1992).

Isto será complementado por testes formais, dos quais eu saliento o psicodiagnóstico de Rorschach que fornecerá o nível *estrutural* da personalidade, no sentido de desenvolvimentos mentais psicóticos, neuróticos ou desajustes menos severos.

O psicodiagnóstico de Rorschach pode ser aplicado desde os dois anos de idade, havendo escalas para avaliação (AMES, L.B.) e seus índices são de enorme utilidade para a suspeita de eventuais disfunções em qualquer das três esferas da personalidade: afetivo-emocional, conativa ou intelectual.

Aníbal Silveira comenta que "embora constitua aparelho de precisão para o estudo da personalidade, a prova de Rorschach não pode fornecer diretamente o diagnóstico clínico.

Quanto às condições mentais, entretanto, tal diagnóstico poderá deduzir-se contanto que o psicograma seja analisado à luz da psicologia e da psicopatologia. Isto exige pelo menos três requisitos por parte do psicólogo: a) conhecer com precisão a teoria da personalidade, b) segurança na técnica de interpretação, c) ausência de juízos pré-concebidos ao analisar o protocolo, isto é, que este seja trabalhado de maneira inteiramente objetiva" (SILVEIRA, 1963: 49).

Todos os índices do psicodiagnóstico de Rorschach são passíveis de oferecer informações sobre o funcionamento cerebral, de forma direta ou indireta. Particularmente, as escalas de graduação para a energia do movimento, segundo Piotrowski, os sinais indicativos de lesão cerebral, de Piotrowski, a série para lesões traumáticas do cérebro, de Oberholzer, a série de sinais peculiares a epiléticos, de Piotrowski, são muito úteis como pistas para aprofundamento do exame com outras técnicas laboratoriais ou de neuroimagens.

Outras provas, como o *desenho da figura humana* de Goodenough, em que a criança é solicitada a desenhar um homem, fornecem uma muito peculiar e geralmente pouco explorada informação sobre o grau de desenvolvimento da imagem interna que a criança já possui do seu próprio corpo, e isto decorre da projeção somestésica (córtex somestésico e parieto-occipital), mas é necessária uma exploração bastante aprofundada no caso de que a criança não consiga produzir ao nível da expectativa para a sua idade, para evitar interpretações falsas, pois tratando-se de criança disléxica ela poderá estar com incapacidade de reproduzir, de projetar o esquema interno que já possui: trata-se de déficit na expressão e não da organização interna de seu próprio corpo. Neste caso, o diagnóstico diferencial entre perturbação somatognósica ou práxica deve ser feito, pois pode estar presente uma dificuldade expressiva, relacionada à programação dos esquemas necessários à representação gráfica do corpo humano, mais particularmente a áreas frontais e pré-frontais.

Outras provas, desta mesma natureza, tais como as provas gráficas: desenho da figura humana de Machover, a prova de Bender, as tarefas de redação, cópia, os desenhos livres, o teste da figura complexa de Rey, as provas de Benton e outras, devem ser analisados no sentido de conferir se a dificuldade situa-se mais ao plano da recepção da informação, da integração ou da expressão.

Caso particular é a prova *Wechsler Intelligence Scale for Children* (WISC). Esta prova pode ser analisada neuropsicologicamente em relação a vários de seus subtestes, mas relativamente à parte não-verbal deve-se destacar a prova de cubos, através da qual importantes aspectos da atividade construtiva (praxia) podem ser avaliados e correlacionados quer a dificuldades de ordem parieto-occipitais, organização visoespacial, quer a problemas de ordem frontal, planificação das ações.

O comprometimento cerebral poderá ser bastante diferente a depender do ponto em que a dificuldade se estabeleça.

Sobretudo nos casos de *distúrbios específicos de aprendizagem*, esta diferenciação é importante, pois a distinção entre processos gnósicos e práxicos é fundamental.

Outro ponto a salientar, relativamente a esta distinção entre recepção, integração e expressão, é o cuidado em provas que envolvem, como no caso da prova de Benton, da figura complexa de Rey, ou mesmo em desenhos livres, o fator *memória* visual. É preciso distinguir entre provas cujo estímulo está *presente* (*input*) frente à tarefa solicitada (*output*). Neste caso, trata-se de cópia de modelo, sem necessidade de evocação a uma imagem interna (memória ou imagem mental visual). Se houver um intervalo entre a apresentação do estímulo e a execução da tarefa é preciso saber se a dificuldade decorre de fator mnésico.

A fim de que um exame psicológico ou neuropsicológico adquira uma consistência, isto é, se constitua como suscetível de chegar a uma "análise sindrômica", é fundamental que as provas administradas não sejam avaliadas como "ilhas", isoladas, fragmentos, mas como agrupamentos sistemáticos, que possam ser correlacionados às funções mentais e, por sua vez, às áreas cerebrais correspondentes. Estas áreas, como já foi assinalado, podem se referir a funções sensoriais, perceptivas, mnésicas, linguísticas ou conceituais e podem também relacionar-se a processos expressivos, práxicos. A depender da natureza da prova pode exigir o analisador visual ou auditivo, podendo também ser de natureza verbal ou não-verbal.

No plano verbal encontramos provas como o *Children Apperception Test* (CAT) e outras de natureza verbal, nas quais inclui-se o próprio Rorschach, e a parte do *Wechsler Intelligence Scale for Children* (WISC) ou o *Wechsler Intelligence Pre-School Scale* (WIPSSI), além de outras como: "Histórias para Completar" de Madeleine Thomas, Questionário de Stein, o Procedimento de Desenhos –, Estórias de Walter Trinca e o Desenho Colorido de uma Família de Amina Maggi. Estas provas, de maneira geral, envolvem aspectos visuais e auditivos, isto é, recepção visual e expressão verbal (auditiva) e, obviamente, mediando estes polos de *input* e *output*, dois aspectos devem ser lembrados: primeiro, a transdução entre dois analisadores, obrigando o testando a uma codificação visual-auditiva, uma operação de tipo inter-neuro-sensorial; segundo, a necessidade de uma elaboração interna, uma integração, fase que exige não apenas a compreensão da instrução, mas a programação verbal ou motora para a resposta. Esta programação interna é muito diferente quando se pede uma resposta gráfica, iconográfica, como nos desenhos livres (Trinca & Maggi) ou reprodução, cópia de modelos, como no Bender. Se é solicitada resposta escrita ou verbal, deve-se levar em conta que elas envolvem aspectos linguísticos. Estas distinções são importantes no que se refere à lateralização de funções linguísticas e não-linguísticas que no caso, grosso modo, costumam ser relacionados ao hemisfério direito e esquerdo, respectivamente não-verbal e verbal.

Outro grupo de provas de rotina utilizados no exame psicológico são as chamadas provas psicomotoras. Elas incluem, além de algumas já citadas como as gráficas, outras, de natureza corporal-gestual e mesmo rítmicas. São as provas de motricidade de Ozerétzki, a prova psicomotora de Picq-Vayer, a prova de ritmo, de Stambak, a prova de imitação de gestos de Irene Lézine, etc. Estas, consideradas não-verbais, dispensam maior envolvimento linguístico salvo na parte da compreensão das instruções (*input*), pois o fundamental é o desempenho corporal, por exemplo: o equilíbrio estático, dinâmico, o ritmo.

A análise introdutória feita até aqui a respeito do exame psicológico tradicional, realizado e interpretado sem maiores alusões aos mecanismos cerebrais subjacentes, ou mesmo ao sistema nervoso como um todo tem a finalidade de apontar dois aspectos: primeiro, apesar de sua importância, utilidade e, mesmo, grande validade prática, carecem de maior profundidade, pelo menos frente a certos casos, no sentido de serem analisados também do ponto de vista diferencial entre aspectos orgânicos e/ou psicodinâmicos. Todas estas provas são constituídas de tarefas que, mais ou menos, requerem o uso de funções mentais superiores, portanto, funções complexas em que se imbricam, planos cognitivos de várias ordens envolvendo diferentes áreas cerebrais e de vários tipos: visual, auditivo e cinestésico-motor. Como estas provas não foram *a priori* construídas para a investigação *neuropsicológica*, pelo menos da maneira como Luria concebeu esse tipo de pesquisa, a maior parte delas pouco se presta a uma análise mais pontual, em que as conexões cérebro-mente se estabeleçam, pelo menos, didaticamente, de forma mais direta. Isto em si impede que se possa fazer uma análise neuropsicológica a partir destas provas e deve-se estar ciente de que elas não são as mais adequadas para este fim. Por outro lado, é importante salientar que conclusões sobre estas provas, que não levem em conta a organização cerebral, podem conduzir a erros quanto à etiologia psicodinâmica geralmente apontada como fator causal das dificuldades.

Vou agora discutir o modelo proposto por Luria e sistematizado por Christensen.

A bateria Luria-Christensen para adultos isola oito funções, a saber: função motora, função sensitiva, função visual, praxias, organização acústico-motora, fala receptiva, fala expressiva, memória e processos intelectuais.

Como já salientei, a maneira como é organizada esta bateria para adultos não pode ser total e diretamente submetida a crianças.

Mesmo assim, dado o caráter hierárquico da organização da bateria Luria-Christensen, indo do mais simples para o mais complexo, e dada também a facilidade da maioria das questões, uma vez que estas provas dirigem-se à investigação de funções extremamente básicas, muitas propostas podem ser administradas a crianças.

As baterias de testes neuropsicológicos para crianças são encontradas em número bem mais reduzido que as existentes para adultos.

Alguns pontos justificam a dificuldade para a sua organização;

1 – As vicissitudes da organização e do desenvolvimento do sistema nervoso e do cérebro de crianças.

2 – A decorrente dificuldade de estabelecer parâmetros de desenvolvimento, devido a variabilidade entre crianças da mesma idade.

3 – A estreita ligação entre o desenvolvimento físico, neurológico e a emergência progressiva de funções corticais superiores.

No começo da vida não se pode falar em exame neuropsicológico de uma criança: todo o plano de desenvolvimento practognósico está por viabilizar-se e a linguagem e o pensamento surgirão posteriormente. Assim, do nascimento até por volta de um ano e seis meses ou dois anos é mais usual a referência ao exame neurológico.

Nesse sentido são tradicionalmente conhecidos os trabalhos de organização de escalas evolutivas da conduta criados por Arnold Gesell e posteriormente Catherine Armatrudo, os quais em conjunto consolidaram um rico e enorme acervo de contribuição à neurologia e à neuropsicologia.

Outros autores de reconhecido valor como Charlotte Bühler, Odette Brunet, Vitor da Fonseca, Jean Bergès, Irène Lézine, H. Hetzer, A. Descoeudres, Paul Guillaume, Ajuriaguerra, Diatkine, Koupernik, Piaget, Spitz, Roudinesco, Wallon, Zazzo e tantos e tantos outros devem ser citados.

No Brasil é impossível deixar de destacar a contribuição do grande estudioso e inesquecível professor Antônio Branco Lefèvre, que ao lado de Beatriz H. Lefèvre tanto se dedicou ao campo da neurologia infantil e da atividade nervosa superior.

Todo este acervo de contribuições está a serviço do exame neuropsicológico de crianças e seria impossível sintetizar aqui toda esta contribuição.

Assim, farei agora algumas considerações sobre as funções pertinentes à bateria Luria-Christensen, tomando como referência dados de desenvolvimento neuropsicológico de acordo com a escala do Exame Neurológico Evolutivo de Lefèvre, bem como de Helen L. Bee e K. Mitchel.

Funções motoras

O exame das funções motoras superiores refere-se às praxias que exigem a presença de uma adequada força muscular e um adequado tono como condição básica, além de impulsos cinestésicos aferentes funcionando normalmente a fim de orientar o impulso aferente ao seu destino, mantendo um controle constante sobre os movimentos executados. Além disso é necessário um perfeito sistema óptico-espacial para a construção correta do movimento, que exige o uso de coordenadas do espaço externo em termos de noção de direita, esquerda, alto, baixo, perto, longe, frente, atrás.

Luria salienta que na organização de um ato motor desenvolvendo-se por um período de tempo há a necessidade de um certo grau de generalização das inervações motoras e sua conversão em melodias cinéticas flexíveis. A fala também desempenha um papel importante no que se refere à finalidade, ao objetivo de um ato motor voluntário e complexo. Assim, no estudo das praxias, todos os componentes do sistema nervoso devem ser considerados: as áreas basais, para o tono e a força muscular, as áreas pós-centrais responsáveis pelos impulsos aferentes, as divisões occípito-parietais responsáveis pela coordenação óptico-espacial e também as divisões pré-motoras que desempenham um papel importante na organização dinâmica do movimento, bem como os sistemas frontais, discriminando e controlando os movimentos.

Durante os primeiros anos de vida, duas tendências básicas: céfalo-caudal (da cabeça para baixo) e próximo-distal (do tronco para o exterior) descrevem o desenvolvimento motor da criança. Observando-se crianças pequenas nota-se que elas sustentam a cabeça antes de poder controlar os membros e são capazes de controlar os braços e as mãos antes de poderem controlar bem as pernas e os pés.

A capacidade de preensão começa aos seis meses quando a criança ainda utiliza toda a mão para segurar objetos, e é só por volta dos dois anos que se instala a plena oposição entre o polegar e o indicador, quando então suas explorações e manipulações de objetos tornam-se mais apuradas. Pequenos objetos ou objetos muito grandes apresentam dificuldades para seu manejo. A posição polegar-indicador aperfeiçoa-se aos nove meses e aos dois anos ela é capaz de movimentos muito mais complexos como enroscar e desenroscar tampas, virar maçanetas, enfiar peças em orifícios. A capacidade de manter um instrumento fino em suas mãos e ao mesmo tempo utilizá-lo praticamente, por exemplo: rabiscar com um lápis ou espalhar tinta com pincel, perfurar com uma carretilha ou ponteiro só se instala e passa a se aperfeiçoar a partir de dois anos e seis meses a três anos, época em que demonstra suas futuras habilidades para a escrita, copiando traços verticais a partir de modelo apresentado em um cartão. As funções motoras das mãos podem ser exploradas aos três anos com auxílio de cubos de madeira para que ela monte, verificando se ela atinge nove ou dez cubos colocados em um equilíbrio razoável.

Nesta fase ela já consegue chutar bola, sem perder o equilíbrio, bem como atirar uma bola para o examinador.

Do ponto de vista da coordenação apendicular (membros superiores) ela consegue reproduzir posições levando, com os olhos abertos, o dedo indicador até a ponta do nariz, estendendo dois dedos enquanto segura os outros, abrindo e fechando os dedos e também estendendo-os e unindo-os, com as mãos abertas.

Estas provas devem levar em conta a execução dos movimentos com a mão direita e com a esquerda. A definição da dominância lateral pode começar a ser observada, mas nesta fase o importante é observar se existem grandes dificuldades em um dos lados, denunciando prováveis lesões no hemisfério contralateral.

As provas para a verificação do equilíbrio estático e dinâmico, relacionadas ao tono muscular, podem ser executadas pedindo-se à criança que se mantenha em posição normal, sem sair do lugar, sem se mexer, com os braços ao longo do corpo. Nesta posição deverá permanecer mais ou menos trinta segundos e com os olhos abertos. Esta prova, que revela seu equilíbrio, deve ser complementada por outras, de equilíbrio dinâmico. Nesta fase ela deverá conseguir equilibrar-se segurando em um móvel, andar para a frente se alguém lhe segura as mãos ou uma só, pode andar sozinha sem apoio, pode subir e descer escadas sem ajuda; aos dois anos anda para trás e consegue, sem muita perda de equilíbrio, apanhar objetos do chão.

Seu equilíbrio começa a se desenvolver permitindo-lhe aos dois anos e meio ficar nas pontas dos pés e até pular com ambos os pés no mesmo lugar. Mais tarde, entre três e quatro anos aventura-se a equilibrar-se num pé só durante pouquíssimo tempo. Com quatro anos a movimentação dos membros inferiores torna-se bem mais solta e os movimentos mais dissociados, quando ela desce escadas colocando um só pé em cada degrau. Aos cinco anos esta dissociação se aperfeiçoa permitindo-lhe saltar impelindo-se para a frente alternando os pés.

Nos primeiros anos de vida o desenvolvimento práxico-motor é o maior indicador das condições do sistema nervoso e do cérebro em particular.

Ao nascer, o mesencéfalo está bem desenvolvido. Ele situa-se na parte inferior do crânio e compõe-se de sistemas reguladores da atenção, do sono, da vigília, da eliminação. O córtex, apesar de estar presente no nascimento da criança, encontra-se muito pouco desenvolvido e é a partir da experiência que as conexões neuronais irão se estabelecendo; algumas células corticais novas serão acrescentadas, bem como aumentarão o seu volume tornando o cérebro bem mais pesado. Aos seis meses de vida, a atividade cortical já permite uma grande diferenciação entre comportamento humano e o animal, e isto é, em parte, marcado pelo desaparecimento de reflexos que o bebê apresentava ao nascer. Aos dois anos de idade por volta de 75% da atividade cortical está bem mais desenvolvida e aos quatro anos está quase acabada.

O desenvolvimento motor bem como as capacidades sensoriais caminham de forma paralela na primeira infância, fortalecendo-se reciprocamente. Um importante acontecimento na infância, e que se prolonga até a vida adulta, é a mielinização, processo pelo qual se formam bainhas em torno dos nervos. Estas bainhas isolam os nervos entre si, facilitando a transmissão das mensagens. A mielinização ocorre rapidamente durante os primeiros meses e anos. É com a mielinização da medula espinhal que a criança passa a se comunicar com a parte inferior do seu corpo experimentando sensações no tronco e nas pernas e executando cada vez mais controle sobre eles.

Assim, a partir das áreas basais responsáveis pelo tono muscular e pela força muscular, as áreas pós-centrais occípito-parietais encarregam-se da coordenação óptico-espacial e as divisões pré-motoras regem a organização dinâmica do movimento e os sistemas frontais exercem seu poder de discriminação e controle.

Nesta avaliação deve-se estar atento a eventuais alterações na força e na precisão dos movimentos, nos distúrbios do tono muscular, nas manifestações de ataxia (transtorno da coordenação visomanual), na hipercinesia (movimentos involuntários parasitas, coreicos, atetóticos, distônicos, mioclônicos) ou sincinesia patológica (participação de movimentos involuntários na execução de um movimento).

Complementando o exame das funções motoras, são examinadas formas complexas de praxia manual e oral, bem como a regulação verbal do ato motor.

Praxias orais

A língua, os lábios e a face são os construtores periféricos do ato da fala, enquanto ato motor. Distúrbio da inervação periférica do aparelho articulatório distinguem-se totalmente dos distúrbios afásicos, cuja responsabilidade é do sistema nervoso central.

Toda avaliação da fala começa pela verificação de distúrbios da articulação, *disartria*, com o fim de detectar a existência de distúrbios tônicos em que há alteração da neurodinâmica ótima. Estes defeitos podem se manifestar sob a forma de *paresia* ou dificuldade de executar movimentos voluntários pela perda da sensibilidade cinestésica. Neste caso os músculos da produção da voz são afetados e a criança apresenta voz fraca, fadiga e modulação inadequada. Pode haver também hipercinesia.

Na fase pré-linguística, a criança já experimenta *feedbacks* preparatórios e anteriores à fala. É intensa a exercitação por meio de comportamentos muito globais em que se compõem: sensações auditivas e táctil-cinestésicas, associadas a vocalizações, bem como sensações cinestésicas do corpo, mãos e movimentos faciais associados às vocalizações. O choro e os gritos fazem parte destas primitivas vocalizações. A partir de um mês até seis meses a criança procura comunicar-se, reagindo à fala da mãe ou dos adultos, produzindo todo um repertório vocal que produz arrulhos, murmúrios, roncos, cacarejos, grunhido, risadas e movimentos corporais associados.

Dos seis aos nove meses a criança repete sons ou combinações de sons, ao mesmo tempo refinando suas expressões faciais e manuais. Este estágio da linguagem da face prepara o da linguagem da boca ou fala, o que se dá no segundo ano de vida.

O exame pode ser feito a partir dos dois anos, solicitando-se movimentos simples, como mostrar os dentes, inchar as bochechas, franzir as sobrancelhas, pôr a língua para fora, mantendo-a durante certo tempo, sendo que nestes movimentos não deve apresentar tremor dos lábios, desvio da língua, paresia dos músculos faciais ou salivação. O aparecimento destes sintomas em quaisquer desempenhos relaciona-se a comprometimento da área cortical motora, córtex motor ou área 4 do mapa de Brodmann e também nos sistemas aferentes do hemisfério contralateral. Esse mecanismo que regula o estado do córtex cerebral, do seu tono, é um mecanismo subcortical envolvendo o tronco cerebral, o sistema reticular, o hipotálamo.

Esta pesquisa pode prolongar-se, exigindo a reprodução de dois ou três movimentos coordenados e em sucessão como: mostrar a língua, mostrar os dentes e depois colocá-la entre os dentes e os lábios inferiores. A sucessão dos movimentos introduz um elemento temporal na movimentação, tornando a prova dinâmica e não estática como as anteriores. Novamente aqui intervém a melodia cinética, ou capacidade de sintetizar os elementos motores em uma melodia sucessiva, suave, desnervando, no momento adequado, um elemento do movimento que tenha sido completado e passando suavemente de um elemento motor ao elemento seguinte. Esta tarefa motora representa uma ação consciente, complexa e que se prolongará por toda a vida, ditada por intenções e com a mediação da fala e do pensamento: "praxias de ações dirigidas a metas", movimento voluntário, exigindo a participação estreita dos lobos frontais. Outro tipo de prova interessante para a pesquisa de praxias orais é a que é solicitada sob comando verbal, ou pela regulação verbal do ato motor. Pode incluir desde a solicitação de que a criança imite ações como: mascar chiclete, assobiar, até imitar sons de animais ou de objetos: caminhões, avião, liquidificador.

Desde os dois ou três anos e daí para a frente, com maior perfeição, as crianças interessam-se pelos sons não-verbais, não-sociais e isto tem uma relação direta com o aprimoramento práxico-oral necessário à fala e à linguagem.

Numa relação de complementaridade, as praxias orais, a regulação dos atos motores e a coordenação apendicular, sobretudo de membros superiores, vão preparando o desenvolvimento da fala e da linguagem, da escrita e da leitura, do grafismo em geral e de todo comportamento ligado ao simbólico.

Na fase dos três aos seis anos, por força da mielinização do sistema nervoso, da maturação, da predisposição genética, e auxiliado pelos estímulos ambientais e culturais, o cérebro da criança atinge uma grande integração entre os analisadores visuais, auditivos, cinestésicos e motores, mas é por volta dos sete aos oito anos que há um aumento significativo da velocidade de crescimento dos corpos celulares situados nas regiões pré-frontais do córtex, que propiciarão a formação de programas complexos tais como a alfabetização, a matemática, o desenvolvimento de símbolos, do raciocínio, da reversibilidade, das relações entre objetos e classes, da memória. As conexões aferentes e eferentes do córtex pré-frontal com os lobos têmporo-occípito-parietais e somestésico-motor, bem como com as regiões límbicas do córtex, consolidam a organização gnósico-práxica, desenvolvendo a linguagem simbólica, já nessa fase bastante lateralizada no hemisfério esquerdo, nos destros.

Como se verifica, na infância, as estruturas neuropsicomotoras de base estão em fase de organização, indo do global para o particular, diferenciando e especializando as funções, tornando-as menos motoras e mais práxicas e simbólicas, reguladas pela fala e pelo pensamento.

A investigação deste aspecto envolve principalmente a seletividade de uma ação em resposta à instrução: copiar figuras simples, com ou sem auxílio da memória. A cruz é copiada aos quatro anos, o círculo e o quadrado aos cinco anos e o losango por volta dos sete anos. Uma modalidade desta prova pode ser introduzida solicitando-se a reprodução de 2 ou 3 figuras, com ou sem auxílio da memória.

Um componente "simbólico" pode ser introduzido solicitando-se à criança que "codifique": "a cada batida do examinador, ela deve responder com duas batidas"; "à exibição do punho cerrado por parte do examinador, ela deve responder abrindo as mãos"; "à apresentação de um cartão verde, ela deve responder apresentando um cartão vermelho". Estas provas que envolvem "reações de conflito" solicitam, por parte da criança, grande flexibilidade mental, oriunda da atividade frontal, pois é necessário inibir um estímulo perceptivamente presente e substituí-lo mentalmente por outro. Distúrbios frontais perturbam tais programações simbólicas ou impedem a manutenção de programas dessa natureza; neste caso a criança, depois de um tempo de execução correta, parte para reações "isomórficas", repetindo o modelo apresentado, sem simbolizá-lo. Isto se deve à exaustão, devido ao rebaixamento do tono ótimo cortical, levando a criança a fazer pausas e introduzir conversa durante a prova, demonstrando o que já foi comentado anteriormente: distúrbio do nível de atenção e vigília.

Funções acústico-motoras

A coordenação audiomotora é um importante aspecto do diagnóstico de distúrbios na infância. Esta função implica a execução de atos motores simples que devem ser executados na dependência do sistema aferente auditivo. Para estes atos é necessária uma organização serial precisa, composta de melodias "motoras" nas quais a sequência baseia-se em intervalos de tempo, funções acústicas. Este tipo de prova deve começar com a investigação da percepção e reprodução de relações tonais e de estruturas rítmicas.

Dificuldades nestas provas envolvem, desde amusias ou dismusias (dificuldade de percepção, da recordação, da execução, ou mesmo do prazer que pode advir de tais atividades). Tais dificuldades podem derivar de afecções do hemisfério direito (sensorial) ou mesmo o esquerdo (simbólico) e suas repercussões sobre a linguagem referem-se aos aspectos de organização rítmica e sequencial da fala, da entoação e melodia (prosódia), bem como da própria organização sintática.

No geral crianças com tais dificuldades não conseguem cantar, suas vocalizações são monótonas, prenunciando dificuldades de percepção dos aspectos inflexionais simbolizados pela pontuação, através da qual a criança deve modular sua voz, a depender de sinais exclamativos, interrogativos, de reticência e mesmo relativamente à vírgula, ao ponto e outros. É só aos sete anos que a criança consegue este tipo de codificação interneurossensorial: auditivo-visomotor, envolvendo a integração têmporo-occípito-parietal e frontal.

Antes desta idade a criança, de maneira intuitiva e imitativa, consegue cantar melodias até complicadas, mas estes desempenhos não são ainda suficientemente monitorizados frontalmente e executados de forma mais voluntária e consciente, sujeitos, portanto, a alterações propositadamente executadas.

Quando estas dificuldades persistem até a idade escolar, a leitura da criança apresenta-se monótona, ela não consegue levar em conta os sinais da pontuação no texto. Quando chamada a atenção ela apenas consegue alterar o tom (interrogativo, por exemplo) ao final da oração. Deve-se fazer uma distinção entre este aspecto prosódico (melodia prosódica) e a negligência da pontuação devido a não compreensão, quer do valor simbólico do sinal de pontuação quer do significado do texto (aspecto conceitual). Este campo dos assim chamados "prosodemas" envolve não só os sinais de pontuação como também os sinais de acentuação, que, como a palavra mostra, são indicadores de alterações tonais na fala. Bordas chama a atenção para "duas formas distintas de alteração da melodia prosódica: a disprosodia, por semelhança a uma entonação estrangeira, encontrada em portadores de lesões esquerdas, e o aprosódico pueril da fala de pacientes com lesões do hemisfério direito" (BORDAS, 1976: 22).

É importante salientar a mielogênese dos centros de linguagem que se desenvolve a partir do quinto mês da vida fetal, depois do aparecimento da cisura de Rolando, mas que terá seu maior desenvolvimento seis ou oito meses depois do nascimento e atingirá sua maturação completa na idade adulta e em último lugar.

É dos três aos cinco anos que os campos mielogênicos correspondentes ao exercício da linguagem e dos grandes sistemas das gnosias e praxias alcançam grande maturação. É o momento em que se tornam possíveis operações de coordenação sensóriomotora e a integração dos esquemas ideoverbais no tempo e no espaço, desenvolvendo-se o processo linguístico e as comunicações intersubjetivas.

A organização cerebral da fala, bem como de todas as formas superiores de atividade cognitiva vinculadas à fala – pensamento lógico, memória verbal ativa, percepção baseada em esquemas lógicos – acham-se estritamente vinculados a uma lei fundamental: a lateralização progressiva de funções.

De maneira muito simplificada podemos dizer que nos indivíduos destros o hemisfério esquerdo passa cada vez mais a desempenhar um papel dominante relativamente às funções linguísticas cabendo ao direito a atribuição de material não-verbal: relações espaciais, apreciação musical.

Parece existir uma predisposição biológica inata para o embasamento das funções linguísticas no hemisfério esquerdo, em 95% dos indivíduos. Este fato tem uma grande importância na consideração dos distúrbios ligados à aquisição da fala, nas crianças, aspecto que merece uma consideração especial.

Funções intelectuais

Os processos intelectuais são altamente complexos e ocupam um papel central na investigação psicológica. Diferentemente das provas anteriores, as tarefas propostas para a avaliação das condições intelectuais devem envolver algumas condições: a) que a criança não tenha uma resposta pronta, previamente estabelecida; b) que se possa investigar a capacidade da criança de analisar uma situação nova e apreender seus principais componentes, correlacioná-los com todos os outros, formular uma hipótese, desenvolver uma estratégia e finalmente selecionar operações ou táticas definidas para a solução do problema.

Bibliografia

AJURIAGUERRA, J. de. *Manuel de psychiatrie de l'enfant.* Paris: Masson, 1971, 1.023 p.

AJURIAGUERRA, J. de & MARCELLI, D. *Manual de psicopatologia infantil.* Porto Alegre/São Paulo: Artes Médicas/Masson, 1986, 454 p.

ANTUNHA, Elsa L.G. "Método neuropsicológico de alfabetização de crianças disléxicas". Tese apresentada ao concurso de Livre-Docência no Instituto de Psicologia da Universidade de São Paulo, 1992.

BARBIZET, J. & DUIZABO, Ph. *Manual de neuropsicologia.* Trad. de Silvia Levy e Ruth Rissin Josef. Porto Alegre/São Paulo: Artes Médicas/Masson, 1985, 164 p.

BEE, H.L. & MITCHEL, S.K. *A pessoa em desenvolvimento.* Trad. de Jamir Martins. São Paulo: Harper & Row do Brasil, 1984.

BORDAS, L. Barraques. *Afasias, apraxias, agnosias.* Ediciones Toray S.A. Barcelona, 1976.

CHRISTENSEN, Anne-Lise. *Luria's neuropsychological investigation.* Copenhagen: Munksgaard, 1975.

COSTA, Eliana de L.R. "A análise neuropsicológica da escrita em cadernos escolares". Tese de Doutorado, Instituto de Psicologia da Universidade de São Paulo, 1992.

COWAN, W.N. *Desarrollo del cerebro* – Investigación y ciência. Barcelona, 1979.

KOLB, Bryan & WHISHAW, Ian. Q. *Fundamentos de neuropsicologia humana.* Barcelona: Editorial Labos, S.A., 1986.

LEFÈVRE, A.B. *Exame neurológico evolutivo do pré-escolar normal.* São Paulo: Sarvier, 1972.

LEFÈVRE, Beatriz H. *Neuropsicologia infantil.* São Paulo: Sarvier 1989.

LEZAK, M.D. *Neuropsychological assessment.* New York: Oxford University Press, 1983.

LURIA, A.R. *The working brain: an introduction to neuropsychology.* Harmondsworth: Penguin Books 1973.

OLIVEIRA, Vera Barros de. O *símbolo e o brinquedo* – A representação da vida. Petrópolis: Vozes, 1992.

SILVEIRA, Aníbal. "Método de Rorschach – Terminologia e critério" – Separata dos Arquivos do Departamento de Assistência a Psicopatas do Estado de São Paulo – Vol. XXVIII – 1961 – Nº único. Oficinas Gráficas do Depto. de Assistência a Psicopatas – Franco da Rocha – São Paulo, 1963.

STRUB, R.L. & BLACK, F.W. *The mental status examination in neurology.* Philadelphia: F.A. Davis Company, 1977.

capítulo IV

Marina Pereira Gomes

Sugestões para uma
avaliação psicomotora
no contexto
psicopedagógico

Marina Pereira Gomes*

O conceito de distúrbio psicomotor

Até o final da década de sessenta, o tratamento psicomotor era domínio de profissionais de diferentes formações, que, utilizando-se de métodos e técnicas de reeducação, procuravam lidar com as dificuldades específicas apresentadas pela criança, relacionadas às diferentes funções psicomotoras.

A esse tratamento, basicamente sintomatológico, seguiu-se a necessidade de uma busca etiológica, como meio de se chegar à origem primeira da alteração, o que inicialmente redundou na explicação "organicista" de uma relação de causa-efeito. Dessa forma, com ênfase nos aspectos relacionados ao nível de desenvolvimento psicomotor alcançado pela criança, chegava-se ao planejamento necessário. Dados relativos ao seu desenvolvimento afetivo-emocional, assim como sobre sua dinâmica familiar, senão desvalorizados, eram pouco considerados pelo reeducador.

A inadequação dessa visão, aliada à insatisfação do psicólogo clínico em atuar de forma tão fragmentada com o ser-único, na década seguinte – setenta – precipitaram novas aberturas para o estudo episte-

---

* Psicóloga clínica pela F.F.C. Letras – Instituto Sedes Sapientiae – da Pontifícia Universidade Católica de São Paulo, Assistente mestre do Departamento de Psicodinâmica. Faculdade de Psicologia da Pontifícia Universidade Católica de São Paulo.

mológico e questionamentos sobre as fundamentações teóricas da psicomotricidade.

Na literatura científica da época, sobre o tema em questão, começam a destacar-se publicações e artigos contendo elaborações de pressupostos teóricos, em lugar de novos manuais de exercícios psicomotores. Fundamentações essas que no momento se estendem desde o campo da neuropsicologia, passando pela psicopatologia, atingindo diferentes abordagens terapêuticas.

Dessa forma, a alteração psicomotora deixou de ser vista apenas como um déficit localizado de função, como uma entidade única e autônoma, e considerada como um "disfuncionamento de conjunto, cuja origem poderá ser uma alteração funcional ou dificuldades afetivo-emocionais" (BUCHER, 1973).

Impossível desvinculá-la do contexto onde se desenvolve, nem dissociá-la da problemática emocional existente e/ou decorrente. É nessa dialética de interferências e reforços mútuos que o sintoma psicomotor se instala, traduzindo "sempre uma perturbação de conjunto única, particular a cada criança, naquele dado momento" (BUCHER, 1973).

Consequentemente, a reeducação Psicomotora – conjunto de técnicas reeducativas – dá lugar à terapia psicomotora, entendida agora como uma nova forma de psicoterapia infantil, cujo objeto intermediário, na relação terapêutica, é o corpo. Mais importante do que a técnica é a ação vivida pela criança, que vai lhe possibilitar um diálogo corporal diferente com o seu ambiente.

É através do seu corpo que a criança comunica, de forma não verbal, seu modo de ser, sua unidade existencial, sua totalidade enquanto ser-no-mundo. Essa comunicação vivida ao nível do corpo, que se inicia nos primórdios de vida através dos primeiros contatos da criança com o outro e com o mundo que a rodeia, denomina-se *diálogo corporal* (AJURIA-GUERRA, 1972).

Enquanto educador, o adulto deve participar desse diálogo, colocando-se no mundo referencial da criança, como uma das formas de entender o simbolismo da sua comunicação gestual. Seja esta ampla, fluente, harmônica ou, contrária e principalmente restrita, truncada e disfuncional. Ideal seria que a experiência vivida pelo próprio educador fizesse parte da bagagem de conhecimentos por ele adquiridos, necessários ao alcance dos objetivos educacionais a que se propõe.

> Nosso corpo somos nós.
> Somos o que parecemos ser.
> Nosso modo de parecer é nosso modo de ser
> (BERTHERAT, T. 1976).

O desenvolvimento motor

1 – A ontogênese do desenvolvimento infantil

O ser humano é uma unidade indissociável, formada pela inteligência, pela afetividade, e pela motricidade. Seu desenvolvimento se processa através das influências mútuas entre esses três aspectos – cognitivo, emocional e corporal – e qualquer alteração que ocorra em um destes se refletirá nos demais.

O desenvolvimento infantil somente ocorre quando estão presentes, na hora do nascimento, estruturas anatômicas e uma determinada organização fisiológica capazes de garantir o funcionamento biológico do organismo. Elas são o ponto de partida para que o recém-nascido prossiga vivendo. Essa organização fisiológica (sistema endócrino e sistema nervoso) se manifesta através da realização funcional e possibilita a evolução do ser humano.

Do ponto de vista filogenético, determinadas formações nervosas aparecem quando determinadas funções se organizam. Ontogeneticamente, no desenvolvimento infantil, quando ocorrem mudanças morfológicas, aparecem funções específicas. Isso significa que a organização morfológica é responsável pela maturação do organismo.

Na definição de Gesell (1958), "crescimento é um processo de estruturação que produz mudanças estruturadas nas células nervosas, que por sua vez originam as correspondentes mudanças nas estruturas do comportamento".

2 – Fatores que interferem no desenvolvimento infantil

A maturação é um dos fatores que interfere no crescimento e no desenvolvimento físico da criança. Ainda que o ritmo de desenvolvimento varie de indivíduo para indivíduo, o aparecimento do conjunto de sinais internos que governa a maioria dos padrões de crescimento segue a mesma sequência para todas as crianças, inclusive para aquelas que apresentam deficiências físicas ou mentais.

Todas as sequências básicas do desenvolvimento físico que provocam mudanças (no peso e na altura, nas proporções do corpo, da estrutura óssea, dos músculos, do sistema nervoso e hormonal) atuam conjuntamente para que ocorra um processo denominado *desenvolvimento motor*. O desenvolvimento motor é a parte visível do desenvolvimento físico. É impossível separar a gênese da motricidade da maturação nervosa: a evolução da motricidade é paralela às possibilidades maturativas; isto é, o desenvolvimento do controle motor depende basicamente do desenvolvimento neurológico.

Em continuação à atividade fetal, o desenvolvimento motor da criança, especialmente durante os primeiros anos, acompanha duas tendências básicas da organização neuromotora: realiza-se da cabeça para a parte inferior do corpo – tendência céfalo-caudal – e do tronco para as extremidades –tendência próximo-distal. As leis do desenvolvimento céfalo-caudal e próximo-distal nos permitem perceber a evolução significativa do controle do córtex cerebral, que assegura a coordenação de vários grupos musculares. A evolução da motricidade está em diminuir o tônus nos membros e aumentar a do eixo corporal.

No recém-nascido, a movimentação é praticamente uma descarga de energia muscular, de reações clônicas e tônicas, esperneies, paradas bruscas, gestos incoordenados, automativos, aspectos esses decorrentes da intensa hipertonia inicial, e basicamente relacionados a duas vivências principais da criança – bem-estar e mal-estar. Através dessa ação motora, inicia-se sua comunicação com o mundo e com o outro. À medida que se desenvolve, paulatinamente, a criança torna-se capaz de realizar movimentos isolados e cada vez mais independentes, até adquirir a possibilidade de usar apenas uma parte de seu corpo para sua sustentação, liberando seus membros superiores e utilizando-os como instrumento de exploração do meio externo, quando então seu movimento passa a adquirir significado e representatividade.

Além da hereditariedade – existe uma herança genética quanto às características físicas e biológicas de desenvolvimento – o ambiente também interfere no desenvolvimento infantil, do ponto de vista físico e, principalmente, quanto à organização egoica.

Deve, no entanto, tratar-se de uma intervenção cujo objetivo é o de possibilitar condições para que a criança realize sua comunicação com o mundo de forma segura, a partir da receptividade e da afetividade do adulto. A criança deve ter disponibilidade para agir num meio ambiente material e relacional favoráveis.

A impossibilidade da ação corporal, provocada pela ocorrência de uma doença prolongada, assim como aspectos inadequados de nutrição interferem negativamente no desenvolvimento e crescimento infantil.

Segundo E. Pikler (apud VAYER, 1985) a liberdade assegurada à criança é condição básica para que esta adquira a consciência de si mesma e do ambiente. A presença do adulto deve satisfazer a necessidade infantil de verbalização, de esclarecimento frente a curiosidade, de encorajamento, de aceitação de regras sociais, mas não deve intervir na atividade física da criança. Segundo a autora, "a intervenção do adulto durante os primeiros estágios do desenvolvimento motor não é condição prévia para aquisição desses estágios – isto é, ficar de bruços, sentar-se, ficar de pé, caminhar –, pois, em condições ambientais favoráveis, a criança, por si própria, por sua própria iniciativa, através de movimentos de boa qualidade e bem equilibrados, chega regularmente a virar-se de bruços; depois passando pelo rolar, pelo rastejar, pelo engatinhar, chega a sentar-se e ficar de pé." Na comunicação criança-mundo, o adulto deve ter a coragem de substituir seu desejo pelo desejo da criança. E o desejo da criança se traduz através da ação, motivada pela tendência natural de atualização, própria de todo ser vivo"[1].

A criança nasce com as condições anátomo-fisiológicas e se realiza através da evolução, sofrendo influências ambientais e, especialmente, relacionais. A instituição familiar e a instituição escolar tendem a forçar a criança a inserir-se numa sociedade. É o mundo dos adultos que lhe é imposto. E, muitas vezes, a maneira como a criança assimila esse mundo não corresponde à maneira como o adulto dele se utiliza.

3 – Motricidade e movimento

Motor é tudo que impulsiona, faz mover, põe em movimento. A motricidade (do latim *motus*) deve ser entendida, do ponto de vista fisiológico, como a propriedade que certos neurônios possuem de determinar a contração muscular quando excitados, os quais seriam responsáveis pela ação motora. Psicomotor (do grego *psykhé* = alma) é um centro nervoso, região do córtex cerebral, que entra em ação quando recebe a influência de uma excitação cerebral psíquica. À interação entre as diversas ações motoras e psíquicas damos o nome de *psicomotricidade*.

Essencialmente por esse motivo, "o estudo do movimento exige *a* consideração da subjetividade que o realiza" (FONSECA, 1976).

---

1. O enfoque psicogenético procura compreender a gênese do psiquismo humano através do estudo do desenvolvimento da criança.
O conceito básico da psicogenética é a noção de *estágio de desenvolvimento*.
Estágio é um conceito operacional que procura compreender a forma como se organiza a criança no seu desenvolvimento e os novos aspectos que assumem seus diferentes comportamentos no decorrer dessa evolução.

Chama-se "movimento toda translação ou todo deslocamento de um corpo ou de um objeto no espaço" (COSTE, 1981). Em se falando do corpo humano, trata-se de todo e qualquer deslocamento de um ou vários segmentos, ou do corpo em sua totalidade. Consequentemente, movimento é um termo que abrange os reflexos e também os atos motores, sejam estes conscientes ou não, normais ou patológicos, significantes ou desprovidos de significado.

Quando o movimento é determinado por uma intenção, isto é, quando o movimento tem uma finalidade, falamos de gesto. Portanto, o gesto, além de realização motora, também é comunicação.

O projeto motor – a intencionalidade convertida em ato – constitui o encontro entre as faculdades intelectuais e psíquicas (gnósicas) e as possibilidades motrizes (práxicas), para resultar em gesto.

À impossibilidade da realização gestual dá-se o nome de *apraxias.*

Em crianças que apresentam distúrbios cujos sintomas se assemelham ao do adulto lesionado, por possuírem um cérebro ainda em desenvolvimento e em condições diferentes das do adulto, por não se poder falar em perda ou alteração, fala-se em *dispraxia* ou *apraxia de evolução.*

Segundo Ajuriaguerra (1972), neste quadro neurológico estão presentes dois distúrbios bastante característicos: a má organização espacial e o mau conhecimento do próprio corpo, isto é, alterações relacionadas ao Esquema Corporal.

A importância do tônus na comunicação gestual

O desenvolvimento do controle motor depende grandemente do desenvolvimento neurológico – os movimentos estão ligados à maturidade das formações nervosas.

Para que o nervo funcione, isto é, para que entre em ação, é preciso que as células que o compõem se encontrem mielinizadas. O processo de mielinização é um processo lento e paulatino, cuja direção é eixo-distal – inicia-se no quinto mês da vida fetal e só termina após a adolescência (entre 15/20 anos de idade).

O órgão do movimento é a musculatura estriada. Podemos distinguir duas atividades complementares na musculatura estriada:

1 – função clônica – possibilita o encolhimento ou o alongamento das miofibrilas que compõem o músculo, responsável pelo seu deslocamento (isto é, pelo movimento);

2 – função tônica – responsável pelo nível de tensão muscular, que varia com as condições fisiológicas próprias do indivíduo. O *tônus muscular* é de origem essencialmente reflexa, e pode ser descrito como um estado de tensão permanente do músculo, cujo papel fundamental é ajustar as posturas locais e a atitude geral.

O tônus muscular é um fenômeno de natureza reflexa, que tem sua origem no músculo, mas cuja regulação está submetida ao cerebelo; depende da estimulação ambiental; participa de todas as funções motrizes (equilíbrio, coordenação, dissociação, etc.) e pode ser usado como critério de definição de *personalidade*, pois varia segundo a inibição, a instabilidade, a extroversão...

Podemos observar o estado do tônus através da resistência muscular à movimentação passiva de um segmento corporal. Uma grande resistência é denominada *hipertonia*; a uma resistência diminuída chamamos *hipotonia*. O repouso da musculatura estriada, em condições normais, é apenas aparente e é denominado de *tônus de repouso* (exemplo: manutenção da posição ereta – em pé).

Sendo responsável pelo movimento, o tônus desempenha um papel muito importante na vida de relação, e por esse motivo mantém estreita relação com a afetividade.

É através da atividade tônica que a criança entra em relação com o mundo das pessoas; é no plano tônico que a criança estabelece seu primeiro diálogo com o meio. Portanto, a função tônica está ligada a todas as manifestações de ordem afetiva.

O controle das reações tônico-emocionais é elemento fundamental de um comportamento equilibrado. Esse controle que permite a elaboração de uma gestualidade adaptada ao mundo e integrada à personalidade.

Essa realidade pode ser explicada através da observação da criança no início de seu desenvolvimento, em relação à função básica da alimentação.

Toda necessidade é fonte de excitação, a qual cria um estado de tensão, acompanhado de desprazer, que denomina-se *hipertonia*. A satisfação da necessidade faz desaparecer a tensão, dando lugar ao prazer e ao estado de *hipotonia*

Subsídios básicos para uma observação motora no contexto psicopedagógico

A observação do desenvolvimento e da atividade motora da criança se faz necessária não apenas devido as implicações de ordem neurológica mas também por tratar-se de um aspecto que possibilita a verificação da sua maturidade, tanto em relação à evolução da motricidade corporal global quanto em relação à coordenação motora-fina.

Segundo Ajuriaguerra (1972), o desenvolvimento psicomotor passa, esquematicamente, por três fases:

1 – a primeira fase compreende a organização do esqueleto motor, a organização tônica de base, a organização proprioceptiva e o desaparecimento de reações primitivas;

2 – a segunda fase é a da organização do plano motor, na qual ocorre a passagem da integração sucessiva para a integração simultânea;

3 – a terceira fase corresponde à automatização do adquirido.

Gesell (1967) descreve de maneira clara e precisa as características motoras apresentadas pelas crianças ao longo do seu desenvolvimento. Objetivamente nos limitaremos a fornecer tais características, até o fim da primeira infância.

As anotações que se seguem, resumidas e adaptadas, têm a finalidade de oferecer ao adulto-educador, em contato direto com a criança em desenvolvimento, subsídios para uma observação motora significativa.

Características motoras de quatro semanas

Com quatro semanas, quando está acordado, o bebê comumente volta sua cabeça sobre sua espádua, para um lado preferido. Só momentaneamente a coloca em sua posição média. Quase que invariavelmente, estende o braço do lado para o qual girou a cabeça. O outro braço é flexionado, descansando a mão sobre ou perto da região céfalo-toráxica. Esta combinação (cabeça virada, um braço estendido e o outro flexionado) é o que se chama atitude de reflexo tônico-cervical (r.t.c.) que predomina na vigília da criança durante umas doze semanas.

Às vezes o bebê de quatro semanas prorrompe em reações bruscas, endireitando a cabeça momentaneamente, e estendendo as quatro extremidades. Outras vezes, agita-se com movimentos de molinete, mais ou menos simétricos, nos braços. Mas, a atitude simétrica de r.t.c. é a base da maior parte de sua conduta postural. Em verdade, o r.t.c. é parte do plano fundamental do sistema total de reações. Já se havia apresentado, parcialmente, no período pré-natal, ajudando o feto a acomodar-se ao contorno da cavidade uterina. Com dezesseis semanas, cede lugar a modos de conduta mais simétricos, desempenhando o papel de uma pré-condição para o crescimento destes últimos modos.

Características motoras de dezesseis semanas

O r.t.c. começa a perder sua preponderância. A cabeça, mais móvel, ocupa mais frequentemente o plano médio. O mesmo ocorre com os braços e mãos, já que seus movimentos se encontram, em grande parte, correlacionados com a posição da cabeça e olhos, e inclusive sob seu controle.

Os seis pares de músculos fototrópicos dos olhos progrediram enormemente nas últimas doze semanas, devido a uma crescente rede de conexões neuronais. Pequenos como são, começam a ser obedecidos, sem dúvida, por músculos muito maiores da postura e da preensão. Em consequência, um anel colocado diante da vista da criança determina um movimento geral de acercamento incipiente, no qual estão compreendidos a cabeça, os ombros e os braços.

As pernas e os pés se encontram ainda numa situação muito subsidiária, já existindo antecipações de seus futuros deveres. Quando se sustém a criança na posição erguida, ela estende as pernas reiteradamente, suportando uma fração de seu peso.

A musculatura do tronco se faz em vias de organização. A satisfaz sentar-se apoiada em almofada e levantar a cabeça, que já não necessita sustentar. Agrada-a olhar adaptativamente ao seu redor. Podemos dizer que este é um bom exemplo de como um só traço da conduta (controle da cabeça) pode ter uma dupla significação: motora e adaptativa.

Características motoras de vinte e oito semanas

Com vinte e oito semanas a criança se acha, cronologicamente, em uma etapa intermediária no caminho para o completo domínio de uma posição erguida; senta-se sem ajuda, podendo manter erguido o tronco, talvez até por um minuto.

Melhorado o equilíbrio sentado, sua iniciativa de preensão frente aos objetos se torna menos bilateral. Se tiver um cubo à vista, logo se inclina sobre ele e o pega com a mão inclinada, participando o polegar na operação. Logo o passa de uma mão à outra, uma e outra vez. Esta alteração de uma mão por vez mostra uma significativa conquista motora sobre a bilateralidade das dezesseis semanas.

A acomodação ocular está mais avançada que a manual. Pode perceber uma corda, mas é incapaz de pegá-la; scguc uma bolinha com a vista, mas quando quer pegá-la coloca a mão sobre ela e, em geral, não consegue tomá-la.

Características motoras de quarenta semanas

As quarenta semanas marcam o começo do último quarto do primeiro ano. Os extremos mais distantes do centro do organismo começam a ser incorporados ao sistema nervoso em expansão: ponta da língua, pontas dos dedos, das mãos e dos pés. No primeiro quarto, a boca e os olhos; no segundo, a cabeça, o colo e os ombros; no terceiro, os braços e as mãos; e, no último, as pernas, os dedos e os pés: esta é a ordem geral do avanço do amadurecimento neuromotor e da emancipação funcional.

As pernas já sustentam o peso total do corpo, mas o equilíbrio independente não chegará até finalizar o ano. O equilíbrio na posição sentada, sem dúvida, está perfeitamente dominado. Estando sentada, a criança pode voltar-se de costas, inclinar-se em ângulos variáveis e recuperar o equilíbrio. Tão logo passa da posição sentada à inclinada, como da inclinada à sentada. Estando inclinada, retrocede, se balança ou engatinha.

A preensão mostra novos refinamentos; o polegar e indicador revelam uma mobilidade e extensão especializadas para revolver e arrancar. A ponta do polegar está em oposição com a do indicador.

Características motoras de um ano

A criança de um ano engatinha, comumente, com grande presteza. Pode fazê-lo sobre mãos e joelhos ou em quatro pés, à maneira plantígrada. Embora perito no engatinhar, não pode resistir ao impulso de levantar-se sobre os pés, e uma vez que adotou a atitude plantígrada já está quase pronto para permanecer parado por seus próprios meios. Tentará permanecer parado sem ajuda, porém, ordinariamente, não alcança um equilíbrio estável até quatro semanas depois. Por hora agarra-se a algum suporte; caminha, sim, mas não sem apoio. Seus modos de preensão se aproximam da destreza do adulto. A preensão fina é hábil e precisa, e quase possui já a faculdade de soltar as coisas voluntariamente. A componente flexora da preensão está agora compensada pela componente extensora inibitória do soltar. Este controle inibitório o permite soltar uma bola no intuito do lançamento.

Características motoras de dezoito meses

A diferença mais notável nos dezoito meses é a postura: já conseguiu, pelo menos, um domínio parcial de suas pernas, enquanto que no primeiro ano dificilmente podia sustentar-se sem ajuda de algum apoio. Aos quinze meses o bebê pode manter-se perfeitamente prescindindo de toda ajuda, mas até os trinta e seis meses não possui o equilíbrio necessário para manter-se em um só pé. Aos dezoito avança velozmente com passo tenso, estendido e impetuoso, que não é exatamente correr, mas que é superior ao caminhar. Senta-se em sua cadeira infantil com a maior desenvoltura e pode subir numa cadeira de adultos com ajuda, pode subir escadas. E para descer não necessita de ajuda, fazendo-o ou por sucessivas "sentadas" em cada degrau ou engatinhando para trás, voltado de costas. Porém, na locomoção sobre o chão raramente engatinha. Há algum tempo era capaz de avançar empurrando uma cadeira; agora já pode arrastar um brinquedo com rodas enquanto caminha. Isto está muito mais adiante das possibilidades de um ano, cujo melhor meio de locomoção é o engatinhar, não tendo alcançado completamente a posição erguida. Porém, já durante os seus primeiros passos, com um ano pode manter um brinquedo, como apoio auxiliar, determinando assim uma precoce coordenação entre modos de conduta posturais e manuais.

Manualmente, aos dezoito meses é bastante hábil para colocar um cubo sobre outro na primeira tentativa. Seu soltar preensor é exagerado e necessita várias tentativas para construir uma torre de três. Com um ano pode segurar um cubo em uma das mãos enquanto tenta pegar outro, e, em certo momento, apoiar um sobre o outro. Mas seu soltar adaptativo é difícil e, por conseguinte, raramente constrói torres, ainda que possa, dessa maneira, "deixar cair" um cubo dentro de um recipiente. Aos dezoito meses pode jogar uma bola enquanto que com um ano a faz rodar, a projeta mediante um simples movimento extensor. Aos dezoito é mais hábil, conseguindo folhear um livro, se bem que de duas ou três folhas por vez.

Características motoras dos dois anos

Aos dois anos tem, decididamente, mentalidade motora. A maior parte de suas satisfações e as mais características são de ordem muscular. E, assim, desfruta enormemente da atividade motora grossa. Neste aspecto se parece com os dezoito meses, mas já realizou, em troca, importantes progressos em matéria de controle postural. Aos dois anos, possui articulações mais flexíveis, um equilíbrio superior, e pode, em consequência, correr, enquanto que aos dezoito meses avança com andar vacilante, tenso e plano. Aos dois anos já não necessita ajuda para subir e descer escadas, mas se vê forçado a usar os dois pés em cada degrau. Pode saltar do primeiro degrau sem ajuda, adiantando um pé ao outro no salto. Se se ordenar, pode aproximar-se de uma bola e chutá-la (aos dezoito meses, aproxima-se da bola e nada mais). Pode apressar o passo sem perder o equilíbrio, mas não pode correr e efetuar giros rápidos, ou deter-se subitamente.

Por seus gestos é, em grande medida, um acróbata, pois se diverte com o jogo forte e de reviravoltas, tanto sozinho como em resposta a um estímulo. Tem tendência a expressar suas emoções de alegria dançando, saltando, aplaudindo, gritando ou rindo. Sente nos músculos fundamentais a sensação do movimento.

Os músculos acessórios não estão, de modo algum, ociosos. Meneia o polegar e move a língua. Sua musculatura oral está madura. Aos dezoito meses mastiga com atenção e esforço; aos dois anos, quase automaticamente.

O controle manual progrediu de maneira parecida. Aos dezoito meses vira as páginas de um livro com movimentos rápidos, duas ou três por vez; aos dois anos vira uma por uma, com controle moderado e um soltar mais perfeito. Aos dezoito meses constrói torres de três; aos dois anos as faz de seis cubos. Este é um índice matemático do progresso experimentado na coordenação motora fina, tanto nos flexores para segurar como nos extensores para soltar. Aos dezoito meses não pode cortar com tesouras, enquanto que aos dois anos, sim. Também pode enfiar contas numa agulha. Aos dezoito meses inclina a colher excessivamente, mas não até estar bem dentro da boca. Aos dois anos levanta a manga com o polegar e dedos radiais em posição supina (a palma para cima) e também com a palma para baixo, e permanece sentado na cadeira por mais tempo. Com estes indícios motores fundamentais, põe em evidência sua crescente facilidade para o progresso cultural doméstico.

Características motoras dos três anos

Aos três, como aos dois anos, gosta da atividade motora grossa, se bem que menos exclusivamente. Se entretém com jogos sedentários, durante períodos mais longos, é atraída pelos lápis e se dá a uma manipulação mais fina do material de jogo. Diante de uma caixa com uma bola dentro, trabalha tenazmente para tirá-la, e, uma vez que o consegue, prefere estudar o problema a jogar com ela. Isto reflete uma mudança nos interesses motores, pois aos dois não vacilaria em jogar com a bola.

Tanto no desenho espontâneo como no imitativo, aos três anos mostra uma maior capacidade de inibição e delimitação do movimento. Seus traços estão melhor definidos e são menos difusos e repetidos. Ainda não poderá desenhar um homem até os quatro anos, mas pode fazer traços controlados, o que revela um crescente discernimento motor. Também na construção de torres mostra um maior controle construindo-as com nove ou dez cubos. Este maior domínio da coordenação na direção vertical se deve aparentemente à maturação de uma nova equipe neuromotora antes que a um aumento dos alcances da atenção. Ainda que dotado de maior controle nos planos vertical e horizontal, tem uma curiosa inaptidão em planos oblíquos. Pode dobrar um pedaço de papel horizontal e verticalmente, mas não em diagonal, ainda que tenha ajuda de um modelo. Uma inaptidão semelhante se põe em relevo nos desenhos imitativos. A natureza não tem feito amadurecer, todavia, o suporte neuromotor necessário para o movimento oblíquo.

Aos três anos os pés estão mais seguros e velozes. Seu correr é mais suave, aumenta e diminui a velocidade com maior facilidade, dá voltas mais fechadas e domina as freadas bruscas. Pode subir as escadas sem ajuda, alternando os pés. Pode saltar do último degrau com dois pés juntos, enquanto que aos dois salta com o pé adiante. De igual modo, aos três pode saltar com os pés juntos de até uma altura de 30cm. Já pedala um triciclo, enquanto aos dois e dois anos e meio anda em carros de brinquedo com propulsão primitiva; a razão destas conquistas apoia-se no sentido mais aperfeiçoado do equilíbrio e no progresso céfalo-caudal. O andar dos três anos tem menos balanceios e vacilações; já está muito mais próximo do domínio completo da posição erguida, e durante um segundo ou mais pode manter-se sobre um só pé.

Características motoras dos quatro anos

Aos quatro corre com mais facilidade que aos três anos. Pode alternar os ritmos regulares de seu passo. É capaz de realizar um bom salto em meio a uma corrida ou parado, enquanto que aos três só pode saltar para cima ou para baixo. Eis aqui outro exemplo em que o domínio da dimensão vertical precede, notoriamente, ao da horizontal. Aos quatro também pode brincar (salto com rebote sobre um e outro pé), ao menos à maneira do pato coxo. Mas não pode saltar em um só pé e muito menos realizar os três tipos de salto sucessivamente. Pode manter o equilíbrio sobre uma só perna durante muito mais tempo que aos três anos. Pode manter-se em equilíbrio sobre um pé durante vários segundos e, de regra geral, seis meses mais tarde já salta em um só pé. Prova do progresso no equilíbrio corporal são seus excelentes desempenhos na barra de equilíbrio de 6cm de largura. É rara a vez que deve abaixar ambos os pés para recuperar o equilíbrio.

Aos 4 anos gosta de realizar provas motoras sempre que não sejam muito difíceis. Gosta de sair-se bem. Este marcado interesse por provas e proezas constitui, de certo modo, um novo sintoma evolutivo que oferece uma chave à psicologia da criança de quatro anos.

Suas novas proezas atléticas se baseiam na maior independência da musculatura das pernas. Como em todas as partes, aqui também se vê a obra do princípio de individualização. Há menos totalidade em suas respostas corporais, e pernas, tronco, ombros e braços não reacionam tão em conjunto. Isto faz com que suas articulações pareçam mais móveis. Enquanto que aos dois ou três anos se limitava a empurrar uma bola em posição propulsionada (com grande participação do dorso), agora pode levar o braço para trás com maior independência e executar um potente tiro voluntário.

Também lhe proporcionam prazer as provas que exigem uma coordenação fina. Toma uma agulha à maneira de lança, e com boa pontaria a introduz em um pequeno agulheiro, sorrindo ante o êxito. Abotoa as roupas e faz o laço dos sapatos com toda facilidade. Seus gestos demonstram maior refinamento e precisão. Ao desenhar, é capaz de dedicar uma atenção concentrada à representação de um só detalhe. A cópia do círculo é mais circunscrita que aos três anos, e é característica de sua execução que a realize no sentido dos ponteiros do relógio, mais adequado para sua natureza cada vez mais, marcadamente, hábil. Na manipulação de objetos pequenos como a bolinha, sem dúvida, a preferência unilateral na criança de quatro anos não é tão dominante.

O domínio motor na dimensão oblíqua é todavia imperfeito. Aos quatro anos é incapaz de copiar um losango de um modelo, ainda que se possa combinar um traço vertical e outro horizontal para formar uma cruz. Pode traçar sobre o papel, entre linhas paralelas distantes um centímetro, um contorno de forma romboidal. Imitando uma demonstração prévia, pode dobrar duas vezes uma folha de papel, fazendo uma prega oblíqua na última vez. Existe um adiantamento concreto com respeito aos três anos, em que a linha oblíqua está obscurecida por um ponto morto neuromotor.

Características motoras aos cinco anos

A criança de cinco anos possui equilíbrio e controle. Está bem orientada a respeito de si mesma. Posturalmente, é menos extremo e menos extensor que aos quatro anos. Mantém os braços próximos do corpo. Para com os pés juntos. Ao chutar uma bola, pode chutar e arremessar simultaneamente. Os olhos e a cabeça se movem quase simultaneamente ao dirigir o olhar para algum objeto. É direto em seu enfoque, olha as coisas de frente. Vai diretamente para uma cadeira, sentando-se nela. Parece estar bem orientado com respeito aos quatro pontos cardeais, pois sentado na cadeira se volta 1/4 de circunferência à direita ou à esquerda e dá inclusive meia volta até olhar para trás.

A atividade motora grossa está bem desenvolvida ainda que talvez caminhe com os pés inclinados, pode fazê-lo em linha reta, descer uma escada alternando os pés e saltar sobre um só pé, alternadamente.

Grande parte de sua conduta põe em prática seu mecanismo de alternação. Gosta do triciclo e o maneja perfeitamente. Trepa com segurança e vai de um objeto a outro. Mostra marcado interesse pelos patins de rodas, ainda que não possa manter-se muito tempo sobre eles.

Sua economia de movimentos é notória, em contraste com a expansividade dos quatro anos. Aparece mais contido e menos ativo, porque pode manter uma posição por mais tempo; mas passa da posição sentada à de pé, e logo à de cócoras, de maneira contínua. Não é menos ativo. Ainda que brinque durante mais tempo em um lugar limitado, é uma grande ajuda em casa: gosta de subir escadas para buscar algo que sua mãe necessite, ou ir várias vezes da cozinha ao armário para ajudá-la a preparar a mesa.

A criança de cinco anos senta-se com o tronco perfeitamente erguido, com seu trabalho diretamente à sua frente. Pode mover-se ligeiramente à direita ou à esquerda para orientar seu corpo, e pode pôr-se de pé e continuar com sua tarefa. O funcionamento de olhos e mãos parece tão completo como o do adulto, ainda que na realidade deva desenvolver ainda as estruturas mais finas.

Sua aproximação, preensão e abandono são diretos, precisos e exatos em tarefas motoras sensíveis. Utiliza seus brinquedos pré-escolares com maior habilidade e determinação. Arma um quebra-cabeças familiar de forma ativa e rápida.

Está adquirindo maior destreza com as mãos e a agrada atar os cordões de seus sapatos, separar os botões que caem dentro de seu campo visual, "coser" uma fibra de lã através de vários agulheiros praticados em uma tarjeta, fazendo-a girar. Agrada-a colocar os dedos sobre o teclado do piano e emitir um acorde. Demonstra agora preferência pelos blocos grandes tanto como pelos pequenos, de diversas cores e formas, com os quais constrói estruturas sensíveis. Agrada-a copiar modelos.

A criança de cinco anos gosta também de observar. Observa a mãe fazendo algo e logo trata de fazê-lo também. Necessita muitos modelos e gosta de copiar desenhos, letras e números. Também a agrada ter contornos de figuras para colorir, tentando manter-se dentro das linhas. A criança de cinco anos deve ter uma boa provisão destes materiais de maneira a estar em melhores condições de utilizá-los aos seis anos.

Em seus desenhos livres faz um esquema linear, com poucos detalhes. Pode colocar as portas, traseira e dianteira, nas paredes laterais de uma "casa", ou desenhar uma casa como um quadrado com uma porta na parte superior e outra na inferior. Reconhece que seu resultado é "gracioso".

A habilidade manual está, em geral, bem estabelecida e a criança de cinco anos pode reconhecer a mão que usa para escrever. Toma o lápis, inicialmente, com a mão dominante e o transfere à mão livre. Na construção com blocos, alterna o uso das duas mãos, mas a dominante é a que utiliza com maior frequência. Isto sucede também quando mostra figuras.

Quando é mantida em posição sentada, se inquieta, se levanta a meio da cadeira, volta-se para um lado ou outro, ou fica parada entre a mesa e a cadeira. As descargas de tensão são rápidas. Com a mão livre pode apalpar ou tocar qualquer parte de seu corpo (do lado correspondente a essa mão), ou partes do rosto, assim como o braço, a perna e as roupas. Também pode sentir necessidade de assoar o nariz.

Características motoras dos cinco anos e seis meses/seis anos

A composição dos cinco anos já não é característica dos cinco anos e meio, em que – segundo os pais – a criança se mostra inquieta em sua casa. Joga em casa e fora dela e parece não saber onde quer estar. Mantém-se ocupada cavando, dançando e trepando. Desce de costas de seu triciclo. Arrasta coisas em um carrinho. Atraem sua atenção os jogos com areia, água e barro. As tarefas domésticas fornecem muitas atividades motoras: gosta de arrumar a mcsa e ajudar a mãe pegando-lhe as coisas de que necessita.

Seis anos é uma idade ativa. A criança está em atividade quase constante, seja de pé, seja sentada. Parece manter, equilibrando conscientemente, seu próprio corpo no espaço. Está em todas as partes: trepando em árvores, arrastando-se debaixo, em cima e ao redor de estruturas de grandes blocos ou de outras crianças.

Parece ser toda pernas e braços, dançando ao redor da casa.

Encara suas atividades com maior abandono e, ao mesmo tempo, com maior deliberação e talvez tropece e caia em seus esforços por dominar uma atividade. Poderá gostar da tarefa de limpeza da escola, limpar o piso, empurrar os móveis: gosta da atividade e o desagrada a interrupção.

Há muitos jogos tumultuosos e combativos. Gosta de lutar com seu pai ou seu irmão; mas isto pode terminar em desastre, pois não sabe deter-se. Gosta de jogar bola (não a controlando direito), e de provas de trapézio. A balança é uma de suas favoritas, balançando-se o mais alto possível.

A criança de seis anos avança mais que suas possibilidades motoras: construir torres mais altas que ele mesmo; saltar mais alto do que pode, sem se preocupar com quedas.

Também existem mudanças notáveis no comportamento óculo-manual da criança de cinco anos e meio. Parece ter maior consciência de sua mão como ferramenta e experimenta-a como tal. Embora não execute bem as tarefas motoras delicadas, experimenta novas ânsias por tais atividades. Ferramentas e brinquedos de índole mecânica revestem para ela especial interesse. Talvez esteja menos interessada em que conseguirá com as ferramentas e mais em manejá-las apenas. Gosta de armar e desarmar coisas. As meninas gostam em especial de vestir e desvestir bonecas.

Agora mantém melhor o lápis e o passa de uma mão à outra. Gosta de desenhar, copiar e colorir como aos cinco anos, mas se atém muito menos a um modelo. Na coloração, muda de posição tanto como de preensão do lápis, e inclina a cabeça. Pode parar e recortar sobre a mesa para continuar desenhando, ou apoiar a cabeça sobre um braço. Pode queixar-se de cansar a mão e continua brevemente, com a outra.

Com seus intentos de manipulação delicada frequentemente trabalha em pé ou caminhando.

É tão ativa sentado como de pé. Volta-se na cadeira, senta-se na borda, podendo até cair. Tem uma abundante atividade oral: extensão da língua e mastigação, assoprar e morder os lábios. Morde, mastiga ou bate seu lápis contra os lábios. Apreensão do lápis é menos difícil que aos cinco anos e meio, mas seu trabalho é muito laborioso.

O olhar e a mão funcionam agora com menor rapidez e menor relação que aos cinco anos. Ao construir uma torre de blocos pequenos, aos seis anos a criança encara deliberada e cuidadosamente, e trata de colocar os blocos corretamente, mas talvez não estejam tão exatamente como aos cinco anos, e às vezes a constrói com tal descuido que a torre cai repetidamente.

Toca, manipula e explora todos os materiais. Frequentemente, a atividade é maior que a realização. Recorta e cola, faz caixas e livros e modela objetos com argila.

Pode deslocar seu olhar com mais facilidade e o faz enquanto trabalha. O ambiente que o rodeia o distrai facilmente e suas mãos podem continuar trabalhando enquanto olha a atividade de outro.

Sugestões para uma avaliação psicomotora, no contexto psicopedagógico

Toda e qualquer avaliação infantil implica, necessariamente, numa relação adulto-criança. Implica, concomitantemente, no conhecimento prévio dos aspectos teóricos relacionados ao desenvolvimento neuro-psico-motor da criança.

No contexto psicopedagógico, o método mais adequado para avaliar-se uma criança do ponto de vista psicomotor é o da observação direta da sua ação motora, ou mediante a realização de determinadas atividades a ela solicitadas, através das quais a criança poderá revelar aspectos relacionados a sua capacidade de integração e maturidade neuromotora, sua noção evolutiva do esquema corporal, suas realizações práxicas e o tônus muscular que desenvolveu (ou adquiriu).

As Escalas de Desenvolvimento Psicomotor de Primeira Infância proposta por Odette Brunet e Irène Lézine parece ser uma das que oferece maior facilidade ao observador infantil.

Baseia-se nos trabalhos do neuropediatra norte-americano Arnold Gesell, que durante mais de vinte anos pesquisou o desenvolvimento de recém-nascidos e crianças pré-escolares, investigou o crescimento normal dos cinco primeiros anos de vida e estabeleceu normas de maturidade para determinados comportamentos considerados normais no que se refere às áreas motora ou postural, adaptativa, verbal ou da linguagem e social.

O observador utiliza-se de quatro rubricas, a saber:

P – controle postural e motricidade;

C – coordenação óculo-motriz ou conduta de adaptação na visão do objeto;

L – linguagem;

S – relações sociais e pessoais,

sendo que cada nível de idade é avaliado segundo um total de 10 itens.

A duração da avaliação é, em média, de vinte minutos para crianças até doze meses e de trinta minutos a partir de um ano de idade.

O observador deve dispor de um local adequado para sua observação, de preferência uma sala clara, cujo chão deve ser forrado, onde haja uma mesa e duas cadeiras; deve também dispor de um cercado, mesa e cadeira infantis.

O passo inicial é a coleta dos primeiros dados da criança através dos pais ou dos pais substitutos, a saber:

Nome: Idade:

Data de nascimento: Tipo de moradia:

Endereço:

Genograma:

Pai:

Idade:

Escolaridade: Profissão:

Mãe:

Idade:

Escolaridade: Profissão:

Irmãos:

Idade:

Escolaridade:

Obs.: Investigar ocorrência de abortos.

Antecedentes pessoais:

1 – Gestação

  – Parto

  – Condições de nascimento

2 – Alimentação

3 – Sono

4 – Desenvolvimento motor

5 – Sociabilidade

6 – Doenças

Obs.: Investigar atitudes dos pais frente comportamentos da criança.

Antecedentes familiares:

Em seguida, fará as questões da Escala, partindo daquelas que correspondem à idade real da criança, devendo descer ou subir, conforme o fracasso ou sucesso completos numa determinada idade.

É importante a observação da mãe em relação à criança e da criança, no que diz respeito às suas atitudes espontâneas.

O passo seguinte é o registro das observações do comportamento da criança frente aos itens a serem pesquisados.

O Exame Psicomotor da Primeira Infância, elaborado por Vayer (1972), é um outro instrumento de observação e avaliação do desenvolvimento infantil entre dois e cinco anos de idade. Consta na realização solicitada de provas relacionadas à:

1 – Coordenação óculo-manual

2 – Coordenação dinâmica

3 – Controle postural (equilíbrio)

4 – Controle do próprio corpo

5 – Organização perceptiva

6 – Linguagem

7 – Lateralidade

Este exame, oferecido aos educadores em 1972, foi construído tomando-se provas de trabalhos anteriores realizados por Ozeretzki, Binet-Simon, Terman-Mérill e Berges-Lézine.

É recomendável começar-se sempre por uma prova que corresponda a uma idade inferior à idade cronológica da criança. Se esta realiza a contento uma prova, deve realizar uma prova da idade imediatamente acima e assim sucessivamente, até que se mostre incapaz de realizá-la, independente da sua idade cronológica.

O desenho da figura humana, seja este espontâneo ou solicitado, é um outro material produzido pela criança capaz de revelar dados acerca das suas possibilidades grafomotoras e da sua aquisição da noção figurativa de *esquema corporal*. Mais importante do que a criança desenhar uma pessoa é desenhar-se a si mesma, ainda que, desde que se proponha a desenhar uma pessoa, é a si mesma que ela desenha.

Trata-se não apenas de uma atividade sensóriomotora, mas também lúdica, ligada às possibilidades gráficas de expressão, capaz de abarcar mais facilmente a fantasia e revelar dados relacionados à maturidade intelectual e ao mundo interior infantil.

Sabendo-se que o desenho realizado pela criança acompanha sua evolução, é importante mencionar que no início de seu desenvolvimento gráfico, em especial no que diz respeito ao desenho da figura humana, a compreensão da solicitação gráfica é anterior à sua capacidade de realização e o aparecimento de um esquema estruturado ocorre tanto mais precocemente quanto maior a possibilidade da criança vivenciar e descobrir seu próprio corpo.

Correspondentemente ao período de desenvolvimento sensório-motor, antes dos dois anos a criança revela grande interesse pelas manchas e traços que faz numa folha de papel, pois suas garatujas deixam-na muito satisfeita, e é o ponto de partida para que futuramente ela anuncie o que irá desenhar, embora trate-se apenas de uma representação intensional.

Um maior controle olho-mão permitirá, entre três e sete anos, a comunicação gráfica inspirada num modelo interno, e cuja representação não corresponderá necessariamente ao mundo que a criança percebe: em função disso a presença da transparência e dos esquematismos. A preocupação da criança é a de que aquilo que ela desenha seja identificado e reconhecido pelas pessoas.

Em relação à representação da figura humana, entre três e quatro anos, a primeira manifestação compreende a presença da cabeça, com ou sem olhos, e as extremidades inferiores. Aos cinco/seis anos aparecem o tronco e as extremidades superiores em traço simples, e aos sete os detalhes do rosto (boca, orelha, nariz), as extremidades a duplo traço, pescoço e detalhes do vestuário.

Muito mais importante do que uma avaliação quantitativa, que considera o nível de idade em que determinada parte do corpo passa a ser representada graficamente pela criança, é o significado simbólico da omissão, da valorização, ou da displicência, na realização gráfica, dos diferentes elementos corporais que compõem o desenho da figura humana. Este sim permitirá uma avaliação qualitativa rica e preventiva, tanto do ponto de vista neurológico quanto afetivo-emocional.

Considerações finais – Ponto de partida

Um dos campos em que a psicomotricidade tem se mostrado extremamente útil é a Escola, tanto para a criança que apresenta dificuldades quanto para aquela que não revela problemas no seu desenvolvimento ou aprendizado escolar.

Tais dificuldades ou problemas não se relacionam com deficiência ou debilidade mental; ao contrário, são próprios de crianças que não alcançam bom aproveitamento pré-escolar, apesar da capacidade intelectual que possuem.

A queixa básica relaciona-se a problemas de adaptação e a dificuldades específicas em geral, tais como falhas de atenção, de concentração, coordenação visomotora pobre, manifestações motoras desadaptadas, dificuldades quanto à lateralização.

Na verdade, essas dificuldades ou *déficits* discretos passam normalmente desapercebidos pelos pais durante as primeiras fases de desenvolvimento que normalmente antecedem o período pré-escolar.

A aquisição da leitura e escrita requer condições básicas de desenvolvimento. É necessário que a criança possua maturidade suficiente para ser submetida ao processo de alfabetização. A integridade das funções sensoriais, um nível de desenvolvimento intelectual correspondente à idade de seis anos e seis meses, uma linguagem suficientemente elaborada, uma boa orientação espacial, uma personalidade íntegra do ponto de vista afetivo-emocional que garantam a capacidade de atenção, concentração e participação são pré-requisitos indispensáveis para que ocorra a aprendizagem escolar.

Através da observação do desenvolvimento neuropsicomotor da criança, há possibilidades de se detectar precocemente aspectos desarmônicos inadequados e sugestivos de defasagem evolutiva.

Acreditamos que uma avaliação atenta, mediante a observação direta da criança, possa interferir positivamente não apenas na prevenção de dificuldades futuras maiores, mas principalmente na elaboração de um programa pré-escolar, onde a criança tenha a oportunidade de explorar, vivenciar e conhecer seu próprio corpo – forma única, talvez, de poder se relacionar com o outro e com o mundo de maneira saudável, confiante e autônoma, construindo, por si mesma, seu próprio caminho existencial.

Bibliografia

AJURIAGUERRA, Jean de. *Manual de psiquiatria infantil.* Barcelona: Toray/Masson, 1972.

AUBIN, Henry. *El dibujo del niño inadaptado.* Barcelona: Editorial LAIA, 1974.

BEE, Helen. *A criança em desenvolvimento.* São Paulo: HARBRA, 1986.

BERTHERAT, Tereze. *O corpo tem suas razões.* São Paulo: Martins Fontes, 1976.

BRUNET, Odette & LÉZINE, Irène. *Desenvolvimento psicológico da primeira infância.* Porto Alegre: Artes Médicas, 1981.

BUCHER, Huguette. *Transtornos psicomotores en el niño.* Barcelona: Toray/Masson, 1973.

COSTE, Jean-Claude. *A psicomotricidade.* Rio de Janeiro: Zahar, 1981.

DI LEO. *A interpretação do desenho infantil.* Porto Alegre: Artes Médicas, 1987.

FONSECA, Vitor. *Contributo para o estudo da gênese da psicomotricidade.* Lisboa: Editorial Lisboa, 1976.

GESELL, A. *El niño de 1 a 6 anos.* Buenos Aires: Paidós, 1967.

_____ *Diagnóstico del desarrollo.* Buenos Aires: Paidós, 1958.

VAYER, Pierre. *El diálogo corporal (Acción educativa en el niño de 2 a 5 anos).* Barcelona: Editorial Científico-Médica, 1972.

VAYER, P. & TOULOUSE, P. *Linguagem corporal (A estrutura e a sociologia da ação).* Porto Alegre: Artes Médicas, 1985.

capítulo V

Suelly Cecília Olivan Limongi

Da ação à expressão oral:
subsídios para a
avaliação da linguagem
pelo psicopedagogo

Suelly Cecília Olivan Limongi*

Quando pensamos em linguagem e na sua avaliação são várias as questões e dúvidas levantadas:

– o que é e como é avaliar a linguagem?

– em que momento a avaliação deve ser realizada?

– que aspectos da linguagem chamam a atenção para determinar a necessidade de uma avaliação?

– como avaliar a linguagem se a criança é ainda pequena e/ou fala muito pouco?

– o que é essa linguagem que deve ser avaliada?

À primeira vista, essas questões podem parecer muito simples. Mas, gostaríamos de reforçar sua pertinência em função de alguns fatores, uma vez que são norteadores de nosso trabalho nesse momento:

– o tema que nos propusemos apresentar nesse livro, que é a avaliação psicopedagógica;

– a população que será objeto desse tema, que é a criança de zero a seis anos de idade;

– o profissional que estará diretamente envolvido nessa tarefa, seja o psicopedagogo ou o professor.

---

* Fonoaudióloga; doutora em Psicologia Social, USP; professora do curso de Fonoaudiologia da Faculdade de Medicina da USP.

Portanto, será visando os pontos acima mencionados que estaremos discutindo a linguagem e a importância de sua compreensão e avaliação pelo psicopedagogo.

Comunicação

Cabe à fonoaudiologia, resumidamente, o estudo da comunicação e seus desvios. Nesse sentido, são consideradas as várias formas da comunicação, como sinais, gestos, expressões faciais, desenho e outros códigos estabelecidos, além da expressão oral e da escrita, sem que sejam esquecidos os mecanismos de recepção e compreensão. Esse objeto de estudo se estende a uma faixa etária que abrange desde o nascimento até o final de vida do indivíduo. E seu trabalho está voltado tanto à intervenção terapêutica quanto à prevenção.

Spitz (1984) fornece uma definição de comunicação que traduz os vários aspectos nela envolvidos e que dizem respeito ao objeto de trabalho da fonoaudiologia: "Chamaremos comunicação a qualquer alteração perceptível do comportamento, seja intencional ou não, com a ajuda da qual uma ou várias pessoas podem influenciar a percepção, os sentimentos, as emoções, os pensamentos ou as ações de uma ou diversas pessoas, seja esta influência intencional ou não" (p. 17).

Dessa forma, pensando-se em comunicação, não podemos ignorar o sentido de relação inerente à situação em que se desenvolve. Isto porque é somente em uma relação que qualquer forma de comunicação pode se efetuar e efetivar. São muitos os estudos voltados à importância da relação no processo de comunicação. Podemos citar dois deles, que partem da comunicação estabelecida desde os primeiros contatos físicos mãe-bebê. Winnicott (1988) ressalta tal fato já com referência à amamentação, mostrando a importância do ato da mãe segurar o bebê e no estabelecimento do vínculo. Ajuriaguerra (1985) fala sobre o diálogo-tônico, onde mãe e bebê se amoldam fisicamente e se comunicam através da adequação do tono muscular entre quem segura e quem é segurado. É esse início de comunicação, que podemos até chamar física, um dos pilares do estabelecimento da constância objetal, favorecendo, mais tarde, a constituição de um ego próprio da criança. Completando essa ideia vale ressaltar a importância que áreas como a emocional e a cognitiva ocupam nesse processo, além dos aspectos anátomo-fisiológicos, imprescindíveis para sua constituição.

Vê-se, portanto, o caráter de interdisciplinaridade que envolve a comunicação, no estudo e compreensão de modelos teóricos e práticos, uma vez que lidamos também com os desvios e, especificamente, nos referimos aqui à fase de aquisição e desenvolvimento.

Até esse momento referimo-nos ao termo comunicação por sua abrangência e por proporcionar uma visão mais ampla de nosso objeto de estudo. Partindo dessas ideias gerais passaremos a nos referir, então, à linguagem e ao nosso objeto de trabalho nesse capítulo, sua avaliação.

Linguagem

O que é, então, a linguagem e como se constrói, partindo-se do ponto de vista da epistemologia genética? Apresentaremos, nesse momento, uma visão sintetizada do assunto, de maneira a facilitar a situação do leitor com relação às questões levantadas quanto à avaliação da linguagem.

Por função semiótica estamos chamando a capacidade que a criança adquire, no decorrer do segundo ano de vida, de diferenciar significados de significantes. Em outras palavras, é a capacidade de representar um objeto ausente ou um evento não percebido por símbolos ou signos. E a linguagem, juntamente com a imitação diferida e o jogo simbólico, são manifestações dessa função. Essa aquisição somente é possível a partir da capacidade de representação e da formação da imagem mental, entendida como sendo a ação interiorizada, que estão se construindo desde o nascimento da criança. Todo o seu primeiro ano de vida é fundamental para esse processo.

Será através da construção de noções extremamente importantes que essas capacidades se constituirão. Estamos nos referindo às noções de permanência do objeto, tempo, espaço, causa, classificação e seriação, construídas concretamente, através de experienciação. É atuando no meio que a criança irá formar seus primeiros pré-conceitos, nesse caso, motores. E o que permite à criança chegar a esse estágio são os esquemas motores, ou melhor especificando, a partir deles e da coordenação necessária entre eles. Percorrendo esse caminho chegamos, então, ao ponto essencial para situar a gênese de todo esse processo: a ação, a troca necessária entre organismo e meio, realizada de maneira extremamente dinâmica.

É a aplicação ou não de um esquema a uma determinada situação que levará ao desenvolvimento do processo citado. Existe, portanto, uma lógica que está subjacente a toda ação da criança e que é a organizadora das construções que a criança irá realizar. É dessa forma que ela irá organizar seu mundo, adquirir conhecimento. Em outras palavras, classificando e seriando. Através da aplicação de esquemas conhecidos, como por exemplo o sacudir, o bater, o chupar, o pôr, o virar; da coordenação entre esses esquemas, a criança irá conhecer as características essenciais do objeto e tentar encaixá-lo em outras características já conhecidas.

Dessa forma, estará dando significado ao objeto e às ações com ele realizadas. Pensemos em um bebê no início do segundo ano de vida, por exemplo, que pegue sua caneca de tomar água e a bata na mesa à sua frente e acabe por obter sons fortes e fracos, de acordo com a força utilizada; que pegue a colher e a introduza na caneca e em seguida faça o mesmo com um pedaço de pão; que suspenda a caneca e a vire e observe a colher e o pedaço de pão caídos sobre a mesa; que bata novamente a caneca na mesa e fique atento a um novo ruído, devido à vibração do metal da colher na superfície da mesa; que pegue a colher, introduza-a novamente na caneca e a bata em suas laterais; que novamente suspenda a caneca e a vire e dessa vez a colher caia no chão (há uma distância diferente, um tempo diferente para observação do evento e um ruído diferente da colher ao bater na lajota do chão); que leve a caneca, mesmo vazia, à boca como se bebesse água.

Esse bebê, com essa suposta sucessão de ações, está construindo os pré-conceitos já falados, partindo da situação motora no meio que o rodeia, e caminhando em direção à representação, uma vez que já está simbolizando o beber (ainda em presença do objeto próprio a essa ação e a partir da imitação). Ele está construindo, internamente, o que será necessário à representação e a uma das formas de sua expressão, a mais evoluída, isto é, a linguagem.

Trata-se, portanto, de um processo marcado pela relação de interdependência entre o sujeito que conhece e o objeto do conhecimento, isto é, no que concerne às aproximações sucessivas do sujeito e da realidade na formação dos conhecimentos. Claramente, então, conhecer é pensar relações. É importante salientar que as particularidades de cada objeto estão nele, mas que as relações a serem descobertas estão no sujeito.

Assim, a linguagem faz parte de um complexo de condutas ligadas tanto ao desenvolvimento cognitivo quanto ao afetivo. A afetividade é a energia das condutas e qualquer conduta, mesmo a mais intelectual, comporta sempre fatores afetivos. Da mesma maneira, não pode haver estado afetivo sem que haja a intervenção de percepções ou compreensão, constituindo sua estrutura cognitiva. Portanto, esses dois aspectos são inseparáveis e há, entre eles, uma relação de correspondência.

No início, "a atividade do bebê é dirigida ao sucesso em sua manipulação (do ponto de vista cognitivo) e da satisfação pessoal (do ponto de vista afetivo)" (SINCLAIR, 1976: 191). Posteriormente, sua atividade toma outra direção: cognitivamente a criança passa a refletir sobre suas ações e afetivamente passa a querer comunicá-las. A criança quer contar ao outro suas descobertas que se tornam conhecimento dos objetos e eventos e não mais apenas reações aos objetos e eventos.

O desenvolvimento da linguagem: suas principais fases

No processo de evolução em direção à linguagem oral podemos identificar três fatores que definitivamente concorrem para sua efetivação: a rapidez com que as ligações entre os acontecimentos são feitas; o pensamento que se apoia em extensões espácio-temporais cada vez mais amplas e se liberta do imediato; a simultaneidade das representações, que vem em decorrência dos fatores anteriores.

O ponto de partida desse processo está em produções sonoras realizadas pelo bebê, no início feitas ao acaso, mas que passam por um período posterior de repetições e exercícios. A imitação possui um papel importante nessa fase. Através da autoimitação o bebê tende a reproduzir os sons que acaba de emitir; pela heteroimitação acaba por se estabelecer um "diálogo" onde cada um imita o outro. "A criança tenta imitar os sons que o adulto produz quando está falando com ela; por sua vez o adulto exerce um reforço positivo quando a criança emite sons" (AIMARD, 1986: 40). Essa é a fase do balbucio, pela qual a criança passa durante o primeiro ano de vida, às vezes se estendendo um pouco mais.

A compreensão do bebê estará voltada, primeiramente, às entonações passando a entender, então, a situação, o desenvolvimento concreto de uma cena familiar. Evolui no sentido da compreensão de "palavras", aquelas mais repetidas na vida cotidiana e que são o foco de seu interesse, tanto para ações quanto para a designação de objetos. Mais tarde é que perceberá o significado dos atributos.

As primeiras palavras emitidas surgem a partir da repetição de uma mesma sílaba e nessa fase o fator interação tem importância preponderante. É muitas vezes por intermédio da intervenção do adulto que a emissão de sílabas repetidas torna-se palavra: ele ressalta a emissão da criança e a carrega de conteúdo emocional. Assim, "*mamama*", emitido ao acaso, ainda como exercício, acaba por designar a mãe, após várias aproximações do significado dado pelo adulto, em um determinado momento posterior, quando a criança a vê se aproximar.

Com a atribuição de significado a criança utilizará durante certo tempo palavras isoladas para se referir a objetos, eventos, situações. São as holófrases, próximas ou distantes dos signos convencionais, foneticamente falando, que assumem a função de uma frase inteira. É pela entonação, mímica, gesto que a criança tenta emitir seu enunciado mais explícito. Por exemplo, [*áda*] (água) pode traduzir "*eu estou com sede, quero água*", "*põe água na banheira da boneca*", "*caiu água em mim, estou molhado*". Todos os meios não-linguísticos de comunicação vêm em socorro da linguagem que não está ainda organizada de maneira suficiente para traduzir exatamente os desejos e necessidades da criança. Com dezoito ou vinte meses já deveriam estar em uso emissões que combinam duas ou às vezes mais palavras. Trata-se, ainda, de uma produção simplesmente mais longa que traz algo novo para a criança: a relação presente entre os vocábulos empregados.

Reforçando essas ideias acima mencionadas Piaget (1978, edição original de 1946) mostra que seguindo-se aos esquemas motores vêm os verbais, que são intermediários entre os primeiros e o conceito, da mesma forma que as primeiras palavras que a criança irá usar, nessa fase, também são intermediárias entre os significantes simbólicos e os verdadeiros signos da língua. Isto porque a criança usa as palavras com um significado particular. Esses esquemas verbais estão muito mais voltados à ação da criança e não se baseiam nos atributos dos objetos.

A criança começa a se comunicar intencionalmente servindo-se de gestos (o mostrar, o dar) e vocalizações, o que ocorre durante o quinto estágio do período sensório-motor. Quando a linguagem começa a emergir, através de palavras e das primeiras frases, a comunicação gestual continua ativa, acompanhando as emissões orais. É importante ressaltar que as primeiras associações que a criança faz com símbolos e significados estão presentes no gesto e no jogo antes mesmo do surgimento das primeiras palavras.

Estudos na psicolinguística apontam a grande importância da fase sensório-motora para o desenvolvimento dos esquemas verbais e da própria linguagem oral. Esse período é considerado o constituinte de uma preparação para a aquisição das primeiras palavras: permite a elaboração das noções de agente, de ação, de paciente e da própria permanência do objeto. Em outras palavras, permite a construção interna da linguagem. Assim, será durante o primeiro ano de vida que o bebê fará a primeira diferenciação entre ação, objeto e sujeito executando uma mesma ação sobre um número de objetos variados e diferentes ações sobre um mesmo objeto. De maneira semelhante, ele irá compreender que também as outras pessoas atuam além dele próprio. Ao nível da linguagem enquanto expressão, serão as emissões de dois ou três vocábulos que mostrarão a diferenciação entre agente e ação e entre ação e objeto. Sintetizando, podemos falar que a sintaxe está ligada à lógica das ações e que a significação (semântica) depende da organização da experiência.

Por volta do segundo ano acontece um grande desenvolvimento em favor da aquisição de novas palavras e de possibilidades de combinações entre elas. Esse impulso de linguagem é contemporâneo dos progressos em relação à autonomia adquirida pela criança. Ela apresenta iniciativa e deslocamentos, ganhando distância (independência) em relação a outrem. Em consequência, para se fazer entender, é necessário que seja mais explícita também, o que facilitará, por sua vez, sua reafirmação quanto à independência. Trata-se, então, de um processo dinâmico e de muita facilitação. É nessa época, portanto, que a criança descobre e utiliza as marcas sintáticas indicadoras de posse: "*meu nenê*", "*bola da Ana*".

Acompanhando a evolução desses fatos, resumidamente, podemos salientar que o esquema verbal conduz a criança à construção das representações verbais propriamente ditas, partindo da linguagem ligada ao ato imediato e presente. Com essas representações, a palavra passa a funcionar como um signo, isto é, a linguagem começa a reconstituir uma ação passada, não mais se fazendo acompanhar da ação. Nesse momento inserem-se a descrição e as perguntas que irão concorrer para a socialização da linguagem da criança.

Assim, ressaltando a ideia de que, como já assinalamos anteriormente de maneira rápida, a construção da linguagem tem sua gênese na ação, chamamos a atenção para um fato importante: com o desenvolvimento do processo, ação e linguagem passarão a caminhar juntas, primeiramente com a ênfase dada à ação para, então, a linguagem se fazer mais presente. Nessa fase notamos dois acontecimentos importantes. Um deles diz respeito à própria ação, enquanto companheira da linguagem, no sentido de completar e comprovar o que é expresso oralmente pela criança.

O outro, ocorrendo logo em seguida, sendo por volta de dois ou três anos que o observamos mais facilmente, diz respeito ao papel regulador e organizador que a linguagem assume frente à ação. A criança age e ao mesmo tempo descreve o que está realizando, seja consigo mesma, seja se dirigindo à boneca, por exemplo: "*agora pega o prato / você quer comer? / ó eu ponho a comida aqui* (enquanto move a colherzinha da panela para o prato) / *pronto / pode comer / tá bom? / agora eu como /...*"

Ainda nessa fase a criança aplica um grande número de regras sintáticas e morfológicas que vem descobrindo há algum tempo. Começam as generalizações, chegando mesmo à invenção de palavras. Do uso da partícula de posse, por exemplo, a criança passa de *"bola do nenê"*, *"bolsa da mamãe"* para *"chupeta de eu (ou de mim)"*. Ou ainda, como frequentemente se observa nas tentativas de uso dos tempos verbais, principalmente referindo-se ao passado, *"eu dormí"*, *"eu comí"*, *"eu fazí"*.

Estando de posse das noções de presente, passado e futuro (imediatos), em idade próxima aos três anos, a criança tem condições de se reportar a fatos já experienciados, contando situações vividas, e expressar ideias e desejos que gostaria que acontecessem, assim como de eventos que estão por acontecer. Nessa fase, vocábulos que expressam a noção de tempo vêm complementar esse sentido, mesmo que por proximidade: *"eu fui na casa da vovó"*, *"eu tomei sorvete de chocolate ontem* (mesmo que tenha sido há três dias, por exemplo)" *"eu vou na praia amanhã* (mesmo que seja nas férias, dali a um mês)". É comum que essas partículas sejam empregadas com seu sentido alterado, logo que a criança descobre seu uso: *"eu fui na piscina amanhã"*. A partir da utilização dos tempos verbais e partículas de tempo a criança irá aperfeiçoando a expressão de fatos acontecidos e que virão a acontecer, contrapondo-os entre si e também aos fatos presentes e descobrindo a relação entre eles, que será expressa por outras partículas como *depois, agora, antes.*

Um pouco mais para frente, próximo aos quatro anos, já se nota a utilização de registros diferentes de linguagem pela criança, de acordo com a situação. Em brincadeira com outras crianças, ela acaba por usar emissões mais curtas e inacabadas, como por exemplo na situação de brincar de carrinhos e posto de gasolina: *"ó / põe aqui /* (e faz o carrinho subir a rampa do posto) / *dá* (a outra criança entrega um carrinho qualquer) *não esse* / *ó* (pegando o que deseja) / *ele para aqui* (estacionando o carrinho) / *ih, que sujo* (e começa a imitar o barulho da água enquanto passa o dedo pelo carrinho) / *ó* (entregando um carrinho à outra criança para que faça o mesmo)".

Com adultos já se notam frases mais completas e maior preocupação com explicações. Tomando-se a mesma situação do exemplo acima: "*põe o carrinho aqui* (apontando um certo lugar do posto) / *agora eu ando* / *você fica aqui* / *lava o carrinho assim* (imitando o barulho da água) / *passa o dedo* (mostrando a ação e solicitando imitação de sua ação)". Muitas vezes observamos a criança utilizar, de maneira automática, registros mais infantilizados se estiver se dirigindo a crianças menores.

Somente mais tarde, por volta de cinco anos e meio a seis anos, haverá condições de uma cisão entre linguagem e ação. A criança age e fala sobre sua ação não mais precisando estar na situação concreta: amplia-se o espaço de tempo entre o acontecimento e o relato. Da mesma forma, ela é capaz de planejar oralmente o que irá fazer para, então, executar. A criança estará, assim, preparando fases posteriores que levarão ao uso da linguagem enquanto predição e levantamento de possibilidades de ação culminando no pensamento operatório. Mas, ressaltamos, para que isso ocorra, sua expressão será realizada pela criança, e observada pelo interlocutor, através das ações, durante a fase de desenvolvimento a que nos referimos no presente trabalho.

É importante salientar, agora, o papel da interação social mantida entre a criança e o meio, através de pessoas e mesmo com o objeto, como tão bem é mostrado por Vygotsky (1979). A noção de comunicação, essencial à capacidade de utilização de palavras, tem grande avanço dado pela tendência que a mãe apresenta de interpretar o comportamento de seu filho como se houvesse um significado; em outras ocasiões é encontrada a mesma situação onde mãe e filho estão unidos em uma ação comum, sobre objetos, em uma brincadeira, que se torna fonte de conhecimentos tendo como base estruturas da linguagem.

Nas primeiras reuniões de palavras a criança irá utilizar as que geralmente são indispensáveis à comunicação. Trata-se de mensagens extremamente econômicas e que necessitam de um interlocutor para que possa assumir um papel complementar na comunicação. Pensando-se na criança com um ano e meio, aproximadamente, que chega com a mamadeira vazia e a entrega à mãe e permanece ao seu lado. Como a mãe somente pega a mamadeira e a coloca sobre a mesa a criança emite "*dá mamá*". A mãe pega a mamadeira novamente e a devolve para a criança, que se manifesta: "*não*". Ao que a mãe pergunta: "*você não quer a mamadeira?*" / "*dá coca*" / "*ah! você quer mais coca?*" / "*é / mais coca*". Completando a ação e entregando à criança o que deseja, a mãe complementa oralmente: "*pronto / já tem mais coca na sua mamadeira / pode beber / está gostosa?*" e assim por diante. Considerando esse fato, a criança que não conta com esse valioso auxílio do interlocutor terá seus progressos em nível da expressão da linguagem em defasagem.

Alterações na comunicação

Vamos abordar, agora, algumas dificuldades que podem ser encontradas com relação à comunicação da criança na faixa etária da pré-escola. Muitas vezes trata-se de alguma alteração que pode despertar a atenção da pessoa que trabalha com crianças nessa fase e que desempenha um papel importante na deteção e na busca de uma solução através de um encaminhamento adequado. Ressaltamos que serão excluídos os casos que apresentam desvios e patologias já definidos e que não suscitam dúvidas para os encaminhamentos a especialistas.

Intenção comunicativa

Começaremos por abordar a intenção comunicativa e os meios utilizados para que a comunicação se efetive. Como já comentamos, a expressão oral é posterior à expressão motora. Muitas vezes a criança não sente a necessidade de traduzir oralmente suas experiências, desejos e emoções. Sua comunicação com o meio é realizada através de gestos, mímicas e ações.

É importante ressaltar duas questões diretamente relacionadas a esse fato. A primeira diz respeito ao grau de solicitação feita pelo meio quanto à realização da comunicação oral onde, muitas vezes, a criança não tem necessidade de se expressar oralmente: uma vocalização, um gesto indicativo ou um olhar para a mãe são suficientes para que sua vontade seja realizada. A outra questão se volta à importância que é dada à comunicação oral e, nesse sentido, nota-se a influência tanto da não-valorização como da supervalorização. Contamos, então, com situações atuando como fatores de inibição à expressão oral como ansiedade para que a criança fale logo; o nível de exigência, esperando-se que a criança fale sempre corretamente. Não devemos nos esquecer que toda a situação de comunicação e de expressão oral, desde o início, deve ser prazerosa.

Expressão oral

Um fato que merece a atenção é observar se a criança expressa oralmente apenas a realidade vivida, a experiência cotidiana, atendo-se à comunicação de fatos experienciados em passado próximo, esperada por volta dos três anos de idade, como já assinalamos. Outro ponto importante é a relação existente entre os relatos: constituem apenas uma somatória de eventos isolados, o que se observa na criança aproximadamente aos dois anos, ou há sequência de ordem na sua apresentação e relação de antecedente e consequente, a partir dos três anos?

Analisando a questão com maior cuidado, a partir do que foi mencionado acima, outras questões podem ser levantadas:

– se a comunicação oral da criança expressa também a brincadeira simbólica, onde a realidade é apresentada através da imaginação e onde a imaginação incorpora a realidade, o que se observa por volta dos três anos;

– se a criança já levanta algumas possibilidades (muito concretas ainda) sobre os acontecimentos e se já começa a descrever invenções através de palavras, como ocorre aos quatro anos aproximadamente;

– se essas possibilidades e invenções são antecipadas oralmente para então serem comprovadas através da ação, a partir dos cinco anos e meio.

Quantidade e qualidade de fala

Gostaríamos, agora, de lembrar um fato que, geralmente, chama a atenção de pessoas que lidam com crianças até os seis anos de idade. Chamaríamos de "quantidade de fala", onde a criança que fala pouco preocupa mais do que a criança que fala muito. Diríamos que maior cuidado deve ser dispensado à observação da "qualidade de fala". Referimo-nos à qualidade das construções frasais empregadas pela criança, isto é, a ordenação dos elementos sintáticos, a existência de frases completas, simples ou justapostas (contendo elementos de ligação que mostram a relação entre elas). Nesse sentido, é válido reforçar que vocabulário variado não é sinônimo de domínio de linguagem: duas frases justapostas podem conter maior informação e adequada relação entre fatos do que várias frases aleatórias, simplesmente emitidas, com vários vocábulos repetidos.

Produção articulatória

Finalmente, vamos nos referir a um ponto que, em geral, é o mais chamativo e o que causa maior preocupação em relação à comunicação oral da criança pré-escolar. São os aspectos fonético-fonológicos, isto é, ao nível articulatório. É esperado que aos dois anos de idade a criança já possua domínio dos traços distintivos constitutivos dos fonemas do português. Até os quatro anos e meio, aproximadamente, espera-se que a combinação entre esses traços esteja completada e que a criança apresente os fonemas para a nossa língua totalmente adquiridos. Ao pensarmos em desvios nessa área devemos considerar algumas questões:

– a idade da criança: muitas vezes os fonemas estão todos adquiridos, mas sua emissão adequada e estável está se completando, o que pode ocorrer por volta dos cinco ou cinco anos e meio. Assim, é possível que, apesar da criança fazer uso adequado do /r/, como em "parede", acabe por reduzir o grupo consonantal composto com esse fonema, como por exemplo [patu] para o vocábulo prato. Ou ainda, que o /l/ em grupo consonantal se apresente instável, sendo emitido adequadamente em alguns vocábulos e em outros não, por exemplo: [klasi] (classe) e [kubi] (clube);

– o meio em que a criança vive: existem diferenças dialetais, tanto regionais quanto culturais, que não podem ser desprezadas;

– fator emocional: muitas vezes é responsável pela manutenção de uma expressão oral caracteristicamente infantilizada, quer pela necessidade de busca de um espaço próprio pela criança (ao se comportar como um bebê ela consegue maior atenção dos pais, por exemplo), quer pelo reforço dado pela família (muitas vezes não percebido).

Observação e avaliação da linguagem

Estaremos nos reportando, agora, a fatos que nos levarão à observação e à avaliação da linguagem, que é o objetivo central deste capítulo, uma vez que os subsídios necessários já foram fornecidos. Referimo-nos às noções essenciais sobre a construção da linguagem, a sequência na aquisição e às alterações mais comumente encontradas, pensando na população infantil à qual nos dedicamos nessa obra.

A linha base dos estudos propostos nas várias áreas de avaliação em todos os trabalhos citados nesse livro é a observação ativa e o entendimento da criança como um todo dinâmico, harmônico e coerente, através da integração dos vários aspectos do desenvolvimento.

A linguagem faz parte desse processo de desenvolvimento, às vezes determinando, outras sendo determinada por ele. Resumindo todas as ideias propostas a respeito de comunicação fica claro perceber que a avaliação da linguagem na criança na faixa etária até os seis anos será feita através da observação ativa na relação com o meio, com o indivíduo, com o brinquedo. Em outras palavras, na relação com as situações com as quais a criança se depara e como as expressa na sua identificação, no levantamento de possibilidades e nas soluções dadas.

Isto porque, quando pensamos em avaliação da linguagem imediatamente pensamos em verificar como a criança está falando. Mas é importante reafirmar que, através da avaliação, é possível verificar como a linguagem foi construída internamente, sua evolução em relação à expressão oral passando pela expressão motora e gestual, sem nos esquecermos do dinamismo e mútua influência entre essas fases.

Assim, será através das imitações, jogos e brincadeiras simbólicas, jogos com regras, situações-problema que observaremos a passagem dos pré-conceitos, classificações, seriações, noções de tempo, espaço e causa para a expressão oral. E, oralmente, essas relações serão expressas através de determinadas partículas proposicionais, integradas às estruturas frasais na criança com seis anos. Antes dessa idade, será principalmente através das ações que elas se manifestarão. É importante realçar essa última afirmação, uma vez que a expressão motora dessas relações indica a construção interna do que posteriormente será expresso através da linguagem oral. Esses dados serão indicativos de propostas de trabalho com relação à linguagem, caso a criança necessite, podendo variar desde a necessidade de construção dessas relações juntamente com a criança, ainda no plano da ação, até a conscientização dessas relações realizadas motoramente, para que possam ser expressas através de estruturas frasais.

As partículas proposicionais que representam essas relações são:

– *não*, que é a negação ("*não põe*")

– *é*, que é a designação da qualidade ("*é grande*")

– *e*, que é a conjunção ("*dá o carro e a boneca*")

– *ou*, que é a disjunção, apresentando dois sentidos: a exclusão (necessidade: "*põe ou tira*") e a inclusão (possibilidade: "*eu quero maçã ou laranja (ou ambas)*"). O primeiro sentido, geralmente, é o mais facilmente apresentado e entendido. O sentido referente à possibilidade aparecerá somente quando a criança começar a lidar com as operações lógicas.

– *se... então*, que é o condicional, em geral mais usado com o sentido de causalidade pela criança na faixa etária a que nos referimos ("*se eu mexer então a torre caï*").

Como podemos estar observando *e* avaliando a linguagem da criança de zero a seis anos? Desde as situações mais simples, como por exemplo a escolha de um brinquedo, até outras onde a solicitação é de que a criança crie e explique o jogo a ser realizado, ou relate um fato acontecido.

Ao ter que escolher um brinquedo entre outros, ou apenas tendo duas opções, a criança estará lidando com a disjunção. Isso a criança pequena já realiza. Com dois ou três anos ela gosta de adivinhar em que mão está a bolinha escondida. Daí para frente, ela mesma irá esconder a bolinha em uma de suas mãos e perguntar "*onde?*" ou "*cadê?*" No início, sua pergunta logo é seguida da resposta dada por ela mesma. Mais tarde já é capaz de usar *ou* complementando sua pergunta. Muitas vezes precisa do modelo do adulto, mas a partícula representativa dessa relação está presente oralmente. Ainda é uma fase de instabilidade porque, para expressar a escolha através de uma pergunta, apenas a utilização da expressão interrogativa é suficiente: "*qual?*" para saber, por exemplo, se põe a camiseta azul *ou* vermelha, tendo uma em cada mão.

Na brincadeira de fazer comidinha a criança estará usando a conjunção, uma vez que decida fazer arroz e feijão, que quem vai comer é ela mesma *e* a boneca *e* o urso *e* o interlocutor. Estará, também, presente a disjunção em cada escolha que tiver que fazer: "*quem come primeiro, o urso ou a boneca?*" Oralmente, a partícula representativa da conjunção, e, será expressa antes que a disjunção, surgindo relacionada à nomeação. No início, a criança irá expressar uma série de objetos referindo-se a "*este, este, este, este, ...*", acompanhando gestos indicativos. Logo essas séries (sucessões) estarão organizadas em coleções (onde se observará a seleção de atributo ou atributos, que serão por semelhança e depois por diferenças responsáveis pelas classificações, primeiramente realizadas na ação), demonstrando efetivamente o uso de ambas as partículas proposicionais.

Ao "este" seguirá o nome do objeto para, logo depois, vir acompanhado do *e:* "*aqui fica a banana e a maçã e a pera e a uva*" quando a criança estiver brincando de supermercado e organizando as sessões dos produtos que serão vendidos. Mais próximo do período operatório-concreto suas classes já estarão sendo realizadas através de semelhanças e diferenças, referindo-se a elas por seus nomes mais genéricos, sendo capaz de neles englobar vários elementos: "*aqui ficam as frutas e aqui as verduras*", ao organizar uma feira.

Se tomarmos como exemplo a situação de montar um castelo com blocos de madeira de cores, formas, tamanhos e espessuras diferentes, poderão ser observadas, além das partículas proposicionais já citadas, a indicativa da designação de qualidade *e, e* do condicional *se ... então*. O *é* é expresso oralmente pouco depois que a criança começa a emissão de frases curtas, referindo-se a atributos e à posse: "*é do nenê* (mais tarde: *é meu*)", "*é bom*", "*é grande*". O condicional, mais voltado ao sentido da causalidade, até que a criança esteja pronta a lidar com as operações, poderá ser observado na ação da criança, ao estar empilhando os blocos para construir a torre do castelo. Ela pega um bloco, olha-o, aproxima-o do topo da torre, compara-o e troca por outro menor. Sua atuação traduz: "*se puser esse aqui então a torre pode cair*".

No final do período pré-operatório ela será capaz de expressar, usando o segundo vocábulo componente da partícula indicativa do condicional, já com sentido de previsão, em resposta ao interlocutor: "*e se eu puser esse tijolinho aqui em cima?*", "*então cai tudo / ó / ele é muito grande*".

Não podemos nos esquecer que através da observação ativa, em situações como essas citadas acima, a linguagem estará sendo avaliada, também, com relação à identificação de possíveis alterações como as que nos referimos anteriormente.

Considerações finais

Com o objetivo de sintetizar as ideias discutidas até o momento e de enfatizar algumas questões que podem ser consideradas de importância ao nos referirmos à avaliação da linguagem da criança de zero a seis anos, realizada através da observação ativa, é que assinalaremos alguns pontos.

1 – A linguagem se constrói a partir da ação da criança. E ela será expressa, primeiramente, a partir da ação e do gesto. Podemos dizer, então, que caminha da linguagem interna para a externalização, nas suas várias formas. E a expressão oral irá, por sua vez, concorrer para a continuidade da construção da linguagem interna. Trata-se, portanto, de um processo dinâmico e de mútua influência, onde cada parte é responsável pelo crescimento da outra.

2 – A criança somente estará pronta à expressão oral quando sua expressão motora estiver efetivada.

3 – Ela conseguirá classificar e seriar objetos através do uso de palavras, isto é, falar sobre qualidades e relações, depois de utilizar a classificação e a seriação motoras, que a auxiliarão no conhecimento de seu mundo.

4 – As partículas proposicionais representativas da conjunção e da designação de qualidade são expressas oralmente logo no início do desenvolvimento da estrutura frasal, por volta dos dois anos.

5 – As partículas proposicionais representativas da disjunção e do condicional aparecem, oralmente, mais tarde, próximo à fase em que a criança começa a lidar com as operações, embora ainda esteja presa às ações concretas (seis ou sete anos aproximadamente).

6 – É nessa fase que a criança está apta a verbalizar sobre suas hipóteses, ainda acompanhadas da ação, conseguindo antecipar resultados.

7 – Pensando ao nível da articulação, as últimas aquisições, embora esperadas por volta de quatro anos e meio, estão relacionadas às sílabas complexas, isto é, os grupos consonantais formados com /l/ e /r/. Essa aquisição ocorrerá após os traços componentes de cada um desses fonemas estarem combinados adequadamente.

8 – Existe, portanto, uma ordem e uma coerência na construção e na expressão da linguagem, integradas com todo o desenvolvimento da criança.

Surge, agora, uma questão que merece referência: que atitude tomar mediante possível detecção de desvios que chamem a atenção para a comunicação da criança?

Vale lembrar que a atuação fonoaudiológica não está restrita à intervenção que pode ser considerada convencional: a terapia individual, à qual a criança é submetida através do trabalho conduzido pelo profissional da área dos distúrbios da comunicação. A visão que enfatizamos é a da integração das várias áreas do desenvolvimento da criança, sendo que a linguagem é apenas uma delas. Nesse sentido, então, além do processo terapêutico que levará à construção da linguagem ou a tornar consciente à criança o processo pelo qual está passando, trabalho esse realizado através da interação, outras formas de intervenção são preconizadas.

Pensemos no trabalho ao nível de orientação, tanto familiar quanto escolar ou a outros profissionais que possam estar atuando também. Mas não se trata de orientação voltada ao fornecimento de informações sobre o que fazer e como falar com a criança para que sua linguagem se desenvolva. Nossa preocupação é que haja a compreensão do que significa comunicar-se, de como fazê-lo oralmente, de como será sua construção e de sua relação com todo o desenvolvimento da criança. Aí, então, a família, a escola e o outro profissional poderão, realmente, estar auxiliando a criança no desenvolvimento de sua linguagem.

Torna-se importante enfatizar que o profissional habilitado no desempenho do trabalho na área dos distúrbios da comunicação, seja diretamente voltado à criança e à família, seja ao nível de orientação e supervisão a outros profissionais que possam estar auxiliando na construção ou na adequação da comunicação da criança, é o fonoaudiólogo. Cabe a ele não apenas a observação, avaliação e trabalho ao nível da linguagem como também a interpretação dos dados obtidos, a compreensão da relação dessa área em todo o desenvolvimento da criança, além da indicação da melhor conduta a ser adotada. Não resta dúvida que na decisão final é de suma importância a participação da família, do paciente (quando possível) e dos profissionais envolvidos (quando houver tal situação).

Bibliografia

AIMARD, P. *A Linguagem da criança.* Porto Alegre: Artes Médicas, 1986.

AJURIAGUERRA, J. "Organization neuropsychologique de certains fonctionnements: des mouvements spontanés au dialogue tonico-postural et aux modes precoces de communication". *Enfance, 2* (3), 265-277, 1985.

PIAGET, J. *A formação do símbolo na criança.* Rio de Janeiro: Zahar, 1978. Edição original de 1946.

SINCLAIR, H. Development psycholinguistics. In: Barbel Inhelder and Harold Chapman. *Piaget and his school.* New York: Springer-Verlag, 1976.

SPITZ, R.A. *O não e o sim.* São Paulo: Martins Fontes, 1984.

VYGOTSKY, L.S. *Pensamento e linguagem.* Lisboa: Edições Antídoto, 1979.

WINNICOTT, D.W. *Os bebês e suas mães.* São Paulo: Livraria Martins Fontes, 1988.

capítulo VI

Rosa Maria Macedo

A família diante das dificuldades escolares dos filhos

Rosa Maria Macedo*

A família é um pequeno grupo social composto por indivíduos relacionados uns aos outros em razão de fortes lealdades e afetos recíprocos, ocupando um lar ou conjunto de lares que persiste por anos e décadas. Entra-se na família através do nascimento, adoção ou casamento e deixa-se de fazer parte dela apenas pela morte (TERKESEN, 1980).

Essa é a definição de família mais abrangente quando se a vê do ponto de vista psicológico, diferindo por exemplo da definição legal que implica em consanguinidade ou moradia sob um mesmo teto. O que define a família, ao nosso ver, são as funções desempenhadas por seus membros em suas inter-relações, podendo assim apresentar-se como família, um sem número de arranjos entre membros com tais características de lealdade, afeição e durabilidade de pertinência, como por exemplo: casal sem filhos, casal com vários filhos, avós, filhos e netos, um pai ou mãe singular e filhos, casais recasados com filhos de outras relações. Todas são famílias no sentido dessa definição. Os termos: casal, família intacta, família extensa, família de pais singulares, família reconstituída, são atributos que especificam de que tipo de família se trata.

---

* Doutora em Psicologia; coordenadora do Núcleo de Estudos e Pesquisas em Família e Comunidades PUC/SP; Terapeuta de família e casais; coordenadora do Curso de Formação de Terapeutas Familiares PUC/SP.

A pertinência a uma família é algo permanente. Não é possível demitir-se da família.

Quais as finalidades da família?

A família tem como propósito fornecer um contexto que permita a sobrevivência e o desenvolvimento de seus membros, procurando atender as necessidades de todos.

É uma função complexa devido as interações múltiplas entre todos os membros as quais implicam, necessariamente, alto grau de envolvimento em suas várias formas.

Da experiência clínica poder-se-ia dizer genericamente que nas famílias saudáveis o ambiente é acolhedor, continente, podendo as relações entre seus membros serem caracterizadas como amorosas, carinhosas e leais. Já nas famílias disfuncionais, o ambiente é disjuntivo e os relacionamentos assumem características de ódio, culpa, vingança.

No entanto, em ambas as interações as ligações são intensas e atingem todos os seus membros, ou melhor, a vida da família como um todo.

Quais são as necessidades atendidas primordialmente pela família?

1 – Necessidades relativas à sobrevivência que implicam na segurança física, alimento e moradia.

2 – Necessidades relativas ao desenvolvimento cognitivo e emocional de seus membros através da transmissão de um senso de valor, de ser aceito "como é", de ser cuidado e um senso de ligação afetiva permanente.

A família como matriz de identidade

A família é parte de um contexto mais amplo que é o sistema social, sendo moldada por ele. Qualquer estudo da família deve incluir sua complementaridade em relação à sociedade a que pertence.

O mundo ocidental está em plena transição e a família está tendo que se acomodar a ele. Justamente em períodos de transição e mudanças de valores como esse que vivemos a função psicossocial da família adquire ainda mais importância como suporte para seus membros.

O contexto social é fundamental na definição das características estruturais e funcionais da família. Assim, quando se fala de sobrevivência, necessidades e desenvolvimento, está se falando das finalidades básicas da família que variam em função da sociedade a que pertence.

Fazem parte das funções da família, portanto, a transmissão dos valores dessa sociedade que modela o próprio processo de socialização da criança no seu seio.

Assim a função de suporte físico afetivo e social dos membros da família implica fundamentalmente em permitir à criança o desenvolvimento de um sentido de identidade que envolve dois elementos: um sentimento de pertinência que lhe dá um nome e permite que se sinta parte de um sistema que a ampara e protege, ao mesmo tempo que adquire o sentido de ser um indivíduo, separado do todo. O sentido de pertencer é adquirido através da participação, acomodação e aceitação dos padrões de interação familiares através do ciclo vital. Já a individuação é possível pela participação da criança em vários subsistemas familiares (avós, tios, irmãos) em situações as mais diversas, bem como em vários grupos externos à família, permitindo através de acomodações mútuas da família e da criança, através do crescimento, a aquisição gradual de "áreas" de autonomia, que lhe dão o senso de ser separada, ser individualizada.

Da mesma forma que a criança se acomoda e assimila padrões interacionais e valores de sua família, a família se acomoda à sociedade assegurando a continuidade de sua cultura, de seus valores.

O próprio conceito, estrutura e função da família mudam em razão das novas realidades econômicas, sociais, novas maneiras de pensar.

Assim, a família é um sistema aberto em transformação: ela constantemente recebe e envia sinais do e para o extrafamiliar, e se adapta às diferentes demandas dos seus próprios estágios de desenvolvimento através do ciclo vital (MINUCHIN, 1974).

Um esquema para analisar a família

Dada a sua complexidade como sistema, bem como a complexidade de suas tarefas, é muito difícil analisar uma família, principalmente porque, mesmo entre profissionais, prevalece uma visão idealizada de que família normal é aquela em que as pessoas vivem em harmonia, sem brigas, cooperando sempre, sem *stress*, visão essa que desmorona cada vez que se depara com os problemas que as famílias têm. Portanto, não é possível distinguir as famílias entre normais ou patológicas baseados na ausência de problemas.

Assim, é melhor se falar em famílias funcionais (que promovem o crescimento de seus membros) e disfuncionais (que bloqueiam o crescimento de seus membros), entendendo a funcionalidade como um *continuum* com os mais variados graus até o máximo de disfuncionalidade.

O esquema conceitual básico apresentado a seguir permite a avaliação de certos aspectos da estrutura e funcionamento da família, dando pistas ao profissional para se orientar no contato com essa família.

O primeiro aspecto a ser enfatizado, o mais geral, refere-se às *regras* que governam o sistema de relações e definem a organização da família. A mais importante em termos de organização é a regulagem do poder na família: a questão da hierarquia.

É desejável que haja uma diferença em termos de poder entre pais e filhos, por exemplo, e que entre os pais a distribuição da autoridade seja simétrica, isto é, pelo menos que haja uma interdependência entre suas funções.

Cada família tem suas próprias regras que vão sendo forjadas através de anos de convivência, as quais podem ser implícitas ou explícitas. A grande dificuldade em lidar com famílias reside no cuidado que é necessário para entender as regras que governam as relações familiares tanto internamente como com os sistemas extrafamiliares.

Evidentemente quanto mais claras, explícitas forem as regras tanto mais fácil a educação das crianças e as relações intra e extrassistema. Ocorre porém que tais regras se baseiam em crenças, valores, adquiridos em grande parte na família de origem dos pais e permeiam as relações cotidianas quer através de ordens expressas, ou sendo adquiridas através das negociações diárias; sendo assim, são muito sutis, nem chegando a ser explicitadas, embora implicitamente organizem certos padrões de relação, automaticamente, como resultado das acomodações necessárias de uns aos outros na família. É importante destacar que tais regras condicionam as expectativas mútuas entre os membros de uma família visto originarem-se da maneira como é concebido e representado o mundo social que constitui seu contexto.

Assim sendo, os membros ocupam determinadas posições dentro da família e seu comportamento pode ser visto como função da organização geral da família, bem como de organizações específicas entre subsistemas num determinado momento da vida do sistema, isto é, em vista de uma particular adaptação ou mudança que ocorre.

A capacidade de mudar está sujeita a um princípio de estabilidade que permite certa flutuação do comportamento dos membros da família, dentro de certos limites, acima dos quais sucedem episódios de *stress*, ou crises, às vezes previsíveis.

Outro aspecto importante em termos de estrutura familiar é sua leitura de acordo com os subsistemas: de idade, sexo, gênero etc. Por ex.: o subsistema de pais e de filhos; de mulheres, de homens.

Cada subsistema tem um certo nível de poder e as relações do indivíduo em cada um variam em razão da própria complementaridade que seu papel exige em cada situação. É nos diferentes subsistemas que se aprende as diferentes funções a serem desempenhadas na vida. Uma pessoa, por exemplo, uma mãe, pertence ao subsistema parental na sua família nuclear, ao subsistema de filha em sua família de origem, e pode ser também a irmã mais velha ou mais nova, tia, nora, sogra, etc.

As relações entre os subsistemas são regidas por fronteiras que dependem dos limites estabelecidos.

Essas fronteiras podem ser rígidas e então a família se caracteriza por uma hierarquia fortemente piramidal, com um contato ou nível de comunicação, em geral, pobre e autoritário entre os subsistemas. É uma família meio desligada: cada um por si.

Ao contrário, as fronteiras podem ser muito tênues ou inexistentes, produzindo um tipo de família aglutinada pouco diferenciada, onde o contato e a comunicação são muito intensos. Assim qualquer probleminha que um membro da família tenha que resolver é problema para a família inteira. Há muitas expectativas mútuas; todas as experiências de cada um passam pelo grupo familiar. E um tipo de família que dificulta o crescimento e o desenvolvimento da autonomia.

Entre esses dois extremos há toda uma gradação que varia em função da existência de fronteiras e do grau de flexibilidade ou permeabilidade entre elas. Há uma hierarquia, porém há comunicação suficiente para que se saiba o que se passa, em geral, na família e quando é necessária uma intervenção dos pais, por exemplo, para resolver um problema do filho.

A função das fronteiras, portanto, é permitir a diferenciação entre os membros do grupo familiar para que possam se desenvolver. Daí que o respeito às fronteiras deve ser o máximo, por exemplo, entre o subsistema de esposos e demais para que eles possam ter a liberdade de negociar e resolver suas diferenças ou os problemas a enfrentar, livres da interferência de filhos ou parentes, por exemplo. Da mesma forma, as pendências entre irmãos, a negociação entre eles que são o modelo do padrão interacional com os companheiros, também tem que ser respeitadas e serem livres, ao máximo possível, da interferência dos pais.

O fato é que quanto mais claramente definidas as fronteiras tanto melhor para todos os membros do grupo: limites estão sendo estabelecidos, há respeito, não há intromissão indevida, regras de comunicação e relação estão sendo aprendidas, o que favorece muitíssimo a adaptação de uma criança ao meio externo e às suas regras, como a escola por exemplo.

O ciclo vital da família

Uma maneira de compreender a família é através do seu ciclo vital: uma visão evolutiva que observa as características funcionais da família em cada etapa de seu desenvolvimento através de gerações.

A utilidade dessa maneira de ver está na possibilidade de apreender a estrutura específica da família em cada fase desse ciclo, com as funções que são esperadas dela para que cumpra sua tarefa básica na sociedade, bem como sua flexibilidade para mudar a cada fase.

Assim, a partir do jovem casal, a primeira grande mudança seria o nascimento do primeiro filho. A passagem de "serem filhos" para "serem pais" implica numa série de transformações, quanto às relações entre si (casal), e com o filho, em termos da necessidade de abrir espaço para a criança. A partir de então, os pais constituem dois subsistemas que devem ser claramente identificados: o de esposos e o de pais, com expectativas e funções que não se fundem.

Está formado o primeiro triângulo na nova família e é preciso cuidado para que não haja superinvestimento em qualquer um dos lados, o que não é uma tarefa simples. Surgem os avós e os papéis de pais e de avós têm que ser assumidos, iniciando-se a construção de novas regras de relacionamento entre eles, com seus pais e com seus amigos.

À medida que outros filhos vão nascendo estas regras vão se modificando em função da necessidade de aceitação de novos membros na família. São períodos críticos em que mudanças são necessárias, testando a flexibilidade do sistema, seus valores, seus padrões de interação. À medida que os filhos crescem novas mudanças vão sendo requeridas e, ao chegar na adolescência, tais mudanças, em geral, atingem um auge, pelas próprias transformações evolutivas dos filhos, bem como pelo novo que eles trazem para o seio da família em virtude do contato que têm com outros sistemas: os amigos, o clube, a escola. São hábitos, linguagem, comportamentos de sua geração que entram pela família a dentro ensejando aos pais uma ocasião de confronto com seus próprios padrões, sua própria adolescência. Nesse momento, muitas vezes, a família sucumbe em termos de regras e limites por medo de ser retrógrada, "quadrada", deixando os filhos, nesse caso, meio confusos, perdidos. É como se a família, para evitar confrontos que às vezes são penosos, quisesse se "demitir", o que denota certa dificuldade para permitir ao jovem a possibilidade de entrar e sair do sistema familiar e pouca flexibilidade para mudar as relações com esses filhos.

A partir desse momento os filhos se engajam cada vez mais a outros sistemas até sua saída definitiva, no início da idade adulta, via de regra em função de estudo ou trabalho e casamento. As relações entre pais e filhos agora serão relações entre adultos, com outras regras de comunicação e interação.

O ninho vai se esvaziando e as mudanças, então, vão ter que privilegiar as novas relações do casal, a inclusão na família de genros, noras e netos, o papel de sogros, de avós. É grande nessa fase a possibilidade de se ter que lidar com doenças e até perda dos próprios pais tornando-se a geração mais velha naquela família.

Muitas famílias lidam com esses pontos críticos dos períodos de mudança de forma bastante adequada sobretudo se não há acúmulo de *stress* por sobreposição de fatores externos como: morte de uma criança, desemprego ou instabilidade profissional muito grande, acidentes graves ou catástrofes como enchentes, incêndios e outros. A própria concomitância de ocorrência como: o nascimento de um bebê e a morte de um membro significativo na família como a mãe por exemplo pode perfeitamente ser motivo de *stress* que dificulta a mobilização das possibilidades de mudança para lidar com a situação.

Essa maneira dinâmica de olhar a família justifica a sua definição como sistema aberto em constante transformação.

Família e escola

Uma das mais notáveis mudanças da sociedade ocidental contemporânea relaciona-se com as transformações da estrutura econômica e social além da cultural que implica numa complexidade maior da vida urbana, sobretudo nas grandes cidades. A mudança dos papéis parentais nas sociedades capitalistas industrializadas exige cada vez mais a participação de cada um no sistema produtivo.

Tais mudanças sociais dizem respeito também à maior participação das mulheres no mercado de trabalho, com a consequente necessidade de maior divisão das responsabilidades de criação de filhos e provimento da família, deixando-se a educação cada vez mais a cargo de sistemas extrafamiliares como a creche e a escola que começa cada vez mais cedo.

Assim, espera-se que a escola cumpra funções socializadoras além de preparação para a complexidade da vida moderna à medida que a convivência com grupos de idade da vizinhança, as atividades comunitárias, são paulatinamente mais raras.

E as expectativas em relação ao desempenho escolar aumentam e assumem maior importância na vida da família, quanto mais complexas são as habilidades requeridas para as funções produtivas, mais competitivo é o sistema, mais difícil a inserção dos jovens no mercado de trabalho.

É comum os pais procurarem uma escola ao nível de pré-primário, ou mesmo maternal, pela oportunidade que oferece em termos de uma boa escolarização refletida nos resultados que esta obtém quando da entrada dos seus alunos nas universidades! Ou então, quantas famílias colocam seus filhos pequenos em cursinhos para exames de seleção para o primeiro grau ou até para o pré-primário!

Essa situação existe, não é uma questão de se culpar os pais, mas ela reflete, na grande maioria, uma ansiedade em poder assegurar aos filhos uma boa posição na vida. A escola então assume uma preponderância na vida de pais e filhos.

É como se o sucesso escolar indicasse o sucesso dos pais: quão bons e competentes eles têm sido.

Naturalmente, depois da família, é na escola que as crianças permanecem mais tempo e, dadas suas características e funções, é em geral um importante espaço de avaliação das crianças, cujo comportamento está marcado pelas idiossincrasias familiares.

Dessa forma, as relações entre esses dois sistemas é de fundamental importância para evitar dificuldades, crises e *stress* de todos.

Ao nosso ver, não compete apenas à escola a função de educar mas também à família. E se esta hoje tem a sobrecarga da vida moderna (trabalho da mãe além do pai, falta de cuidado substituto para os filhos) é importante lembrar, entretanto, que não é o tempo que se está junto com os filhos, mas a maneira como se estabelece a relação com eles, o que importa. Se os filhos sabem que podem contar com os pais onde estiverem quando necessário, se os pais têm uma parte de seu tempo diário e de lazer reservado para dar atenção ou fazer um programa com os filhos, se os limites são estabelecidos com flexibilidade e justeza, sem culpas, ou necessidades compensatórias, pode-se esperar menor probabilidade de problemas.

Aplicam-se às relações entre os vários subsistemas do sistema escolar bem como entre os sistemas escolar e familiar os mesmos conceitos que definem e organizam a estrutura familiar, ou seja: hierárquica, regras, o mais explícitas e claras possíveis, limites e fronteiras, estabilidade e mudança e expectativas mútuas.

A função da escola, analogamente à familiar, é criar um contexto entre seus membros (administradores, orientadores, professores e alunos) que podemos chamar de contexto de aprendizagem onde se observam interações instrutivas cujo resultado é o aumento da competência dos estudantes, a par com o seu desenvolvimento.

A fim de orientar expectativas, uma exposição clara para a família da filosofia da escola e de seus objetivos é de fundamental importância para que uma relação dialógica se estabeleça em base de uma aceitação de princípios de parte a parte. Isso evita muitos mal-entendidos, falsas expectativas e exigências descabíveis.

O contato com a família possibilita à escola o conhecimento do conceito que os pais têm de seus filhos.

O conceito de criança suficientemente boa, diz Terkelsen (1980), é aquela que está apta a se engajar mútua e reciprocamente com as figuras parentais aprendendo sequências de comportamentos que simultaneamente promovem o atingimento das suas próprias necessidades de desenvolvimento tanto quanto a de seus pais.

O conhecimento de tais expectativas é importante para o educador, bem como as atitudes da família em relação a elas. Quanto maior for a exigência dos pais em relação às expectativas sobre os filhos e mais intolerantes forem às divergências dos filhos (em função de seu desenvolvimento), maior probabilidade de um relacionamento disfuncional. Via de regra, os sistemas extrafamiliares são os primeiros a serem "responsabilizados" por essas divergências entre o que os pais sonhavam e o que o filho está se tornando, pois é muito difícil, nesses casos, que a família possa ter uma visão crítica sobre seu funcionamento.

Pelo contato que os educadores têm com a criança, seja na escola ou em situação específica, é possível darem uma pista para a família em relação a esse descompasso.

Estaria a própria escola preenchendo as expectativas da família? Quais são suas opiniões sobre o sistema escolar, a professora, sua noção de justiça, sua capacidade de entender as crianças, sua competência?

A atitude diante do desenvolvimento da autonomia e responsabilidade dos filhos pode ser vista muito facilmente na relação com as tarefas. Quantas vezes as avaliações deveriam ser para as mães em vez de para seus filhos, tal o empenho com que fazem as lições com eles, e, ao contrário do que é necessário para seu desenvolvimento, em lugar do reconhecimento e validação de sua competência, fazem-nos sentir que são incapazes, incompetentes.

A força das expectativas dos pais e o seu envolvimento na vida dos filhos é responsável também pela resistência em aceitar as dificuldades dos mesmos.

Dado que a maior parte de tais dificuldades aparecem no domínio da escola porque se referem a habilidades específicas, é frequente que ao serem detectadas sejam vistas como "criação" da professora, má vontade com seu filho, exigência desmedida...

É difícil para os pais entenderem que uma criança esperta, inteligente, viva, ou quieta, dócil, afetuosa, possa ter problemas... Apontar tais dificuldades requer habilidade para que nem a criança nem a família sejam vistas como culpadas pelos mesmos. A questão é que o problema tem que ser visto em termos mais globais: que condições levaram a situação a adquirir as características que apresenta no momento.

As dificuldades de aprendizagem e a família

No terreno das dificuldades de aprendizagem é importante distinguir aquelas devidas às dificuldades específicas que dizem respeito à capacidade intelectual, linguagem, atividade motora, desenvolvimento neurológico e outros, das referentes a atitudes e comportamentos.

É evidente que, sendo o desenvolvimento um processo global, qualquer dificuldade está relacionada tanto a características próprias da criança quanto a atitudes da família e da escola afetando sempre a criança enquanto pessoa.

Portanto, é superimportante assumir-se a postura de que a produção da criança é o resultado da inter-relação de toda essa rede que constitui o contexto de sua vida.

Por essa razão, qualquer diagnóstico infantil deve ser cauteloso, sobretudo em termos de não estigmatizar a criança, criando barreiras à sua superação, sobretudo pela dificuldade de aceitação da família, a culpabilização da criança ou da própria família, e pelo processo de desenvolvimento em curso.

Nestes termos qualquer diagnóstico deve ser amplo visando todos os pontos fortes da criança, suas habilidades, sua capacidade de cooperar.

Quanto à família é fundamental salientar o quanto se compreende os esforços que despende no sentido de conseguir o melhor da criança e a não intencionalidade de atitudes que acabam tendo como resultado exatamente o contrário do que ela pretende. É preciso que se creia que a família, muitas vezes, age de maneira disfuncional como uma forma de absorver as dificuldades relacionais, usando mecanismos de adaptação para a manutenção de sua estabilidade, ainda que esta seja pouco saudável. Nenhuma criança ou família é totalmente patológica ainda que distanciada de certos padrões normativos.

Os profissionais que lidam com crianças com dificuldades, bem como os terapeutas de família, sabem disso.

Por essa razão é importante conotar positivamente todos os mecanismos compensatórios desenvolvidos no intuito de tornar menos evidente, pelo menos para fora do sistema familiar, as dificuldades existentes. A questão é reconhecer esses padrões, detectar esses mecanismos, louvar os esforços despendidos e as finalidades a que servem, para que se consiga usar toda essa energia no sentido da mudança necessária em função dos problemas percebidos pelo profissional.

Características familiares

Nenhuma configuração familiar é melhor do que outra, no sentido que a família é o que tem sido possível ser em função de seu contexto, de sua herança, da fase de vida em que está, da capacidade de mudança que tem.

No seu processo de desenvolvimento, durante o ciclo vital, a família, da mesma forma que a criança, necessita do reconhecimento e da validação do seu modo de ser, tanto da família extensa quanto dos outros sistemas sociais com os quais se relaciona. Assim sendo, um *feedback* de algum desses subsistemas pode ser útil se não vêm como crítica destrutiva, ou sistematicamente como uma tentativa de enquadrá-la a expectativas que ela não compreende ou estão muito fora de seus padrões.

Tais padrões dizem respeito às regras relativas ao poder, à hierarquia, às expectativas, limites e fronteiras.

Algumas questões básicas poderão ajudar a montar um mapa referencial para o profissional poder se orientar nas relações com as famílias.

Quanto à hierarquia:

Como se dá a tomada de decisões na família? De quem é a última palavra? Se a relação é absolutamente piramidal, em geral, costuma ser do pai; se simétrica, há consultas entre os pais e as decisões são consensuais.

Se um dos pais é periférico (por questões de trabalho, de desinteresse, acomodação ou dificuldade) as decisões recaem no outro, que em geral reclama de sobrecarga, peso e super-responsabilidade.

Quanto aos limites e fronteiras:

A família é capaz de dizer não? Como são esses nãos? São fundamentados e podem ser coerentemente mantidos? Há acordo entre os pais com relação a esses limites? Há "jogo" entre pais e filhos na colocação de tais limites ou há capacidade de negociação entre eles (comum quando um pai é periférico ou não há consenso entre os pais). Que acontece quando tais limites não são respeitados? Que tipo de sanções existem? São proporcionais à idade da criança, ou são desproporcionais, fruto de impulsividade e não podem ser mantidas?

As fronteiras entre os subsistemas são rígidas? Os pais são dificilmente atingíveis, não respondem às solicitações, não lhes dão importância ou as ignoram? Ou os pais são "solícitos" demais, se antecipam aos chamados, respondem com muita intensidade, sentem-se culpados pelas dificuldades das crianças, como se tivessem falhado, se envolvem demasiado com o trabalho escolar ou tratamento, ou, ao contrário, têm sempre uma explicação para desculpar qualquer falha apontada? (típico de família aglutinada).

As fronteiras são permeáveis, a resposta é pronta, sem intensidade exagerada, os pais têm disponibilidade para cooperar e procuram compreender onde está o problema? Trabalham para superar o impacto causado pela notícia da dificuldade?

Quanto às expectativas:

As expectativas existentes na família são mais difíceis de detectar. Pela sua própria natureza, muitas vezes elas não chegam a ser formuladas claramente nem para os próprios pais. Daí que as questões precisam ser mais indiretas, do tipo: o que deveria acontecer para que os senhores se sentissem realizados como pais? O que seria necessário que seu filho conseguisse ou fizesse para que os senhores se sentissem recompensados pelos esforços que têm feito para criá-lo?

Quanto à comunicação:

É importante o nível do discurso: sua objetividade, suas mensagens indiretas, paradoxais, as contradições, a clareza. Pelo tipo de abordagem pode-se perceber se a família é de evitar confrontos, colocar "panos quentes", postergar soluções ou se é do tipo que quer esclarecer logo qualquer problema, com linguagem clara, direta, sem duplas mensagens (Relaxe, meu filho, seja espontâneo!). A coerência entre a linguagem verbal e não verbal também é um sinal importante para uma compreensão mais rica do diálogo. Quantas vezes as palavras dizem exatamente o contrário do corpo e vice-versa!

A clareza das colocações e a objetividade têm muito a ver com a capacidade de definição clara das regras que modelam as relações familiares, bem como os valores e os mitos. Reações como: "Não sei como isso aconteceu!" "Nunca houve um caso desses na nossa família!" Ou então: "Será que isso tem a ver com hereditariedade, porque na família do meu marido tinha algumas pessoas meio esquisitas." Podem significar: "Nessa família não se admite fracasso!" Ou então, "que qualquer problema só pode estar relacionado com a família do outro."

Quanto aos padrões afetivos:

Os padrões afetivos permeiam todas as relações e se expressam através de qualquer uma dessas questões. Não é demais, entretanto, perguntar como são as demonstrações de afeto no grupo familiar. Como as pessoas costumam expressar sua satisfação, seu descontentamento, sua raiva, suas aflições, medos. Quem na família mostra mais o que está sentindo? Quem percebe mais prontamente quando alguém está triste ou chateado?

A expressão dos afetos dá aos pais uma dimensão humana, ajuda a modelar a personalidade das crianças pela aceitação dos próprios sentimentos negativos e a convicção de que não deixarão de ser amadas por sentimentos de raiva ou ciúmes ou qualquer outro de que ninguém pode se orgulhar.

É importante perceber se há na família possibilidade de resgatar os erros, as faltas cometidas.

Quanto às dificuldades da criança propriamente ditas:

A família pode aceitar ou não sua existência.

No segundo caso, incluem-se aquelas que contestam abertamente, negam sua existência ou através de desculpas como: "o pai dele também era assim e de repente passou"; "Ele ainda é muito criança, com o tempo isso passa".

A postergação de tratamento também é uma forma de negação e pode se dar através de alegações várias como: falta de tempo, dificuldade de pagamento ou o que é comum: "será que meu filho não vai ficar impressionado e achar que ele é igual àquelas pessoas esquisitas (pessoas que têm problemas graves visíveis) que frequentam aquele lugar?

Quando há uma dificuldade específica, em geral, é mais fácil comunicar o diagnóstico pela presença de sinais cuja natureza explicam os sintomas de forma científica, o que pode favorecer melhor aceitação pela família e maior disponibilidade para o trabalho terapêutico.

Maiores dificuldades são encontradas na comunicação de resultados em que não se constata qualquer problema específico sendo o diagnóstico da problemática de aprendizagem relacionado sobretudo à esfera socioemocional ou psicossocial. Isso implica o relacionamento familiar e escolar.

Frequentemente nesses casos o problema é um sintoma das inter-relações no sistema familiar e tem uma função nesse sistema: Pode ser sinal de um superenvolvimento da criança com a mãe, pela ausência de um pai periférico e sua função é atrair o pai para assumir seu papel parental;

– pode ser que esteja havendo uma crise de relacionamento entre o casal e a função do sintoma é unir os pais pela preocupação com o problema do filho;

– o nascimento de um irmão (necessidade de mostrar o desequilíbrio na distribuição do afeto);

– o luto pela perda de alguém muito significativo (chamar a atenção para os aspectos concretos da vida e a necessidade de se despedir dos mortos e continuar vivendo);

– uma crise depressiva de um dos pais (dar a esse pai um objetivo na vida através do exercício da função de cuidar do filho);

– uma doença grave de um dos pais (mesma dinâmica de luto por perda da saúde).

Enfim, todas essas situações, e muitas outras mais, são passíveis de produzir ansiedade, preocupação e possibilitar que o membro mais sensível da família reaja com um sintoma cuja função se esclarece através do exame da família.

É possível ainda, embora menos comum, que haja certa dificuldade da professora em lidar com a criança, sobretudo pelas interfaces do problema desta criança com dificuldades que aquela enfrenta em sua própria vida. A ressonância interna que o comportamento da criança provoca na professora pode despertar nela sentimentos de intolerância, frustração, desvalorização, que por sua vez alimentam e até podem provocar reações mais intensas no aluno. Nesse caso, uma orientação para a professora no sentido de procurar levantar como se sente diante daquele problema é importante.

É compreensível que a comunicação dos resultados do diagnóstico seja mais difícil nesses últimos casos pela delicadeza do assunto, uma vez que ele foge completamente à expectativa do ambiente de circunscrever à criança o problema, a dificuldade, pelo menos em sua origem (muito embora as atitudes do meio contribuam para agravá-las ou mitigá-las).

No caso de problemas que são sintomas do funcionamento de um sistema de interações todos estão mais diretamente envolvidos.

A questão é mostrar aos pais como a criança é sensível, que benefício ela está fazendo para o sistema ao sinalizar que há problema.

O encaminhamento nesses casos deveria ser para um atendimento à família.

Em qualquer dos casos, no entanto, o profissional que trabalha com problemas de aprendizagem tem em mãos possibilidade de ser continente das ansiedades dos pais e da própria criança; liberar os primeiros de qualquer culpa e acenar com a possibilidade de recuperação ainda que lenta e difícil, abrindo espaço para a esperança, a confiança que predispõem ao esforço necessário para vencer as dificuldades.

Bibliografia

CARTER, E. & McGOLDRICK, M. *The family life cycle.* New York: Gardner Press, 1980.

MACEDO, R.M. *O jovem na família.* Anais do IV Simpósio de Pesquisa e Intercâmbio Científico – ANPEPP. São Paulo, 1991.

McCUBBIN, H. & BOSS, P.G. "Family stress and coping: targets for theory research", Counseling and Education. *Family Relations*, October, 1980, 29, 431-444.

MINUCHIN, S. *Families and family therapy.* Cambridge: Harvard Press, 1976, 7. ed.

TERKELSEN, K. "Toward a theory of the family life cycle". In: CARTER, E. & McGOLDRICK, M. *The family life cycle.* New York: Gardner Press, 1980.

UMBARGER, C. *Terapia familiar estrutural.* Buenos Aires: Amorrortu, 1987.

capítulo VII

Maria Célia Malta Campos

Psicopedagogo: um generalista-especialista em problemas de aprendizagem

Maria Célia Malta Campos*

Concluindo esta obra dedicada à avaliação dos problemas de aprendizagem na faixa dos pré-escolares, trataremos de nos aproximar do papel do profissional psicopedagogo, oferecendo algumas definições, limites e pressupostos de sua ação. Detendo-nos no campo específico da avaliação, procuraremos indicar suas funções e etapas, além da postura profissional e ética que o movimento impõe.

O surgimento recente deste profissional no Brasil – o primeiro curso de especialização em psicopedagogia, em São Paulo, surgiu em 1970, no Instituto Sedes Sapientiae – tem a ver com a angústia, as indagações e a investigação de pessoas ligadas, em sua maioria, à educação e que se defrontavam com crianças que não aprendiam, apesar de todos os esforços empreendidos.

A psicopedagogia é citada no "Novo Dicionário Aurélio da Língua Portuguesa" em termos de "aplicação da psicologia experimental à pedagogia", como nos lembra o prof. Lino de Macedo (1992: 7). Macedo sublinha, nesta definição, como um conhecimento científico pode ser meio ou instrumento para a produção de um novo saber ou fazer e como essa dialética entre fins e meios não é simples nem linear.

---

* Pedagoga com especialização em Psicopedagogia; mestranda em Psicologia Escolar no Instituto de Psicologia da Universidade de São Paulo. Presidente da Associação Brasileira de Psicopedagogia (1993-1994).

Está aí a tarefa deste novo profissional: integrar, aglutinar e operacionalizar conhecimentos e práticas que se apresentam segmentados em diferentes áreas do conhecimento, transformando-as em partes de um novo todo.

O conteúdo deste livro indica esta peculiaridade do psicopedagogo, ao compor um quadro multidisciplinar para avaliação psicopedagógica de pré-escolares: se sua formação é de caráter múltiplo, por outro lado, sua prática deve ter uma identidade própria, uma coerência única que o caracterize, sob o risco de se perder entre as duas grandes áreas das quais a psicopedagogia é tributária, a psicologia e a pedagogia. Neste sentido, psicopedagogo tem um campo de ação específico que não didático e nem psicológico, mas onde estas duas ordens de ações estão presentes, estruturando um novo conjunto.

Assim, a psicopedagogia dedica-se ao estudo da aprendizagem com a finalidade de prevenir ou curar os seus problemas. Como aponta Sara Paín (1986: 28), os problemas de aprendizagem se manifestam sempre num quadro multifatorial; em outras palavras, a aprendizagem é um fenômeno imensamente complexo e seus distúrbios não podem ser atribuídos a nenhum fator determinante, mas, antes, são resultado da concorrência de uma série de fatores concomitantes; fatores orgânicos, psicogênicos e ambientais, na categorização de Paín.

A presente obra se propõe a contribuir, portanto, em dois níveis: no da construção de um corpo teórico e de um papel profissional e na investigação multifatorial da aprendizagem do pré-escolar. A questão que polarizou o conteúdo deste livro foi: como está a criança preparada para responder às demandas da aprendizagem?

Ao psicopedagogo não interessam as questões de estrutura de personalidade enquanto estas não afetam de forma manifesta vínculo do indivíduo com a aprendizagem; os dados do inconsciente e os problemas edípicos só interessam a este profissional num quadro preciso de sintoma – o não aprender. Da mesma forma, o psicopedagogo não trabalha específica e unicamente com conteúdos escolares formais, mas, antes, com situações cognitivas, com o próprio processo de pensamento e de solução de problemas. Procura-se, antes de tudo, o resgate do prazer de aprender, não para a escola ou para a família, mas para a vida. Procura-se ver o sintoma como manifestação de um distúrbio mais profundo, e, atuando de forma assintomática, busca-se resgatar o sensório-motor, as diferentes formas de representação nas suas múltiplas inter-relações e toda a dinâmica familiar.

A avaliação psicopedagógica

Uma avaliação psicopedagógica com base construtivista parte do princípio de que a aprendizagem é uma tarefa de apropriação e de domínio do objeto de conhecimento. No caso da criança, este objeto está relacionado com a herança cultural transmitida pelas gerações através das instituições educativas (a família e a escola).

Esta noção de aprendizagem supõe um sujeito, constituído em identidade e autonomia, que seja o agente de apropriação do conhecimento e da construção do saber; supõe, também, que o sujeito só assimila o objeto quando o organiza de forma significativa em termos de espaço, tempo e causalidade. Não há assimilação de um mundo neutro, segundo Piaget. Todo conhecimento é significativo, necessariamente.

Aprendizagem como processo de aquisição nos remete ao entendimento das dificuldades de aprendizagem como questões inerentes às etapas de desenvolvimento, algo muito diverso de inadequações devidas a patologias. Quantos rótulos apressados, quantos encaminhamentos falsos ou desnecessários seriam evitados se o professor e a família dispusessem de informações de como se processa e se desenvolve a aprendizagem.

Temos aqui uma primeira aproximação do que se pensa sobre a diferença entre dificuldade de aprendizagem e problema de aprendizagem. Enquanto as primeiras são manejadas no âmbito da escola e da família, os problemas de aprendizagem são propriamente o objeto de conhecimento para a psicopedagogia.

Dentro desta perspectiva, o diagnóstico psicopedagógico visa explicitar as condições de aprendizagem do indivíduo, identificando suas áreas de competência e de dificuldade (KIGUEL, 1987: 26).

Para Maria Lúcia L. Weiss (1991: 8), cabe à escola conhecer o modelo de aprendizagem de cada aluno para poder ampliá-lo ou reformulá-lo. A partir da análise dos aspectos orgânicos, cognitivos, afetivos e sociais a escola terá condições de identificar como o aluno pode aprender e como realmente aprende, que recursos mobiliza, o que já conhece e como se utiliza do que conhece, quais são seus interesses e motivações. Identificar o aluno através de seu modelo de aprendizagem significa compreender o que pode servir de entrave ou de reforço para a ação educativa; permite também discriminar dificuldades geradas na escola e aquelas que já acompanham a criança antes da fase escolar e para as quais a escola pode concorrer, ampliando-as ou colaborando na sua solução.

A avaliação psicopedagógica nos coloca em contato com o sintoma; reconhecê-lo como tal é a primeira tarefa do psicopedagogo e não a mais simples, pois estará lidando com diferentes conceitos de normal e patológico, na escola e na família; conceitos muitas vezes não explicitados e por isso de difícil acesso e controle. Para agravar a questão, é bastante fluida a noção de normalidade e patologia, em função de avanços científicos nas diferentes áreas do comportamento humano, das diferentes fases de desenvolvimento do indivíduo e dos múltiplos fatores que atuam no desempenho escolar (KIGUEL, 1991: 24-25).

O fracasso escolar: sintoma ou reação

O fracasso escolar pode ser entendido, como nos indica Weiss, por duas ordens de causalidade; uma interna à estrutura familiar, que diz respeito ao individual, e outra externa, ligada à qualidade de estímulos do meio, à escola e a aspectos sociais da aprendizagem. Entretanto, convém insistir que as duas instâncias concorrem mutuamente para agravar ou minimizar os fatores que acarretam problemas de aprendizagem.

A avaliação dos fatores ambientais deve levar em conta a atualidade e quantidade dos estímulos a que a criança é submetida; em muitos casos, há confusão, falta de ritmo ou excessiva velocidade, pobreza ou mesmo carência de estímulos. Estas condições acarretam um déficit na organização da realidade (PAÍN, 1986: 22-33).

Em relação à escola, o psicopedagogo deve observar a metodologia usada, o uso de sanções ou castigos e prêmios, e a coerência entre o ensino proposto e a etapa de desenvolvimento da criança. Outro nível de análise importante é o da ideologia subjacente às relações interpessoais e aos programas escolares, o autoritarismo e a violência existentes no sistema educacional, o próprio vínculo do professor com a aprendizagem e seu prazer de ensinar.

Deve-se atentar, na avaliação dos problemas de aprendizagem, para a sua dimensão social. Questões de *status*, de expectativas e de modelos de comportamento gerados na sociedade e inculcados nos pais norteiam, na escolha da escola, pela preferência por escolas de maior prestígio e pelo chamado "ensino forte" que coloca o aluno em boa situação de competitividade em relação ao vestibular e ao mercado de trabalho. É toda a pressão da concorrência de uma sociedade consumista, prematuramente introduzida na vida infantil; ensinar mais cedo mais conteúdos, sem nenhum respeito pelo ritmo individual e pelas necessidades de cada etapa de desenvolvimento, submete a criança desde a fase pré-escolar a situações de *stress*, a uma desconfiança em relação à sua competência, acarreta frequentes distúrbios psicossomáticos e não contribui para formação de vínculo com a escola e com a aprendizagem.

O que as crianças pequenas precisam, na realidade, é de oportunidade para manipular e experimentar concretamente os conteúdos escolares além de brincar e movimentar-se de modo amplo e espontâneo.

Questões de identidade sociocultural podem afetar crianças que são removidas de um meio para outro (migrantes ou imigrantes, por exemplo). Classe social, língua e cultura são elementos que contribuem para uma identidade própria e reforçam a constituição da subjetividade. A transferência do campo para a cidade, tão frequente em nossa população de baixa renda, pode significar uma ameaça para a identidade e uma desculturação; surge a dificuldade em ser aceita e em aceitar o novo meio, o qual frequentemente ignora o saber da criança, rejeita seu modo de falar e seus costumes e a desqualifica para a aprendizagem.

No entanto, esta ordem de problemas não compromete a inteligência e nem sempre a criança necessita de tratamento, mas sim a instituição educativa. Orientação à família e à escola ou mesmo mudança de escola, ajuda à criança no sentido de sua organização, adequação do material e do ritmo de aprendizagem, tais seriam alguns caminhos para a solução do problema da criança.

Desejo ressaltar aqui a importância da ação psicopedagógica preventiva a partir da avaliação do contexto escolar que leva em conta a subjetividade de cada situação bem como a complexidade de fatores de ordem social e política. Frequentemente, a escola procura atribuir a fatores individuais patológicos (como disfunções neurológicas, mentais e psicológicas) sua parte de responsabilidade nas dificuldades da criança e nos altos índices de repetência e evasão verificados no nosso sistema de ensino. Busca legitimar desta forma o que Beatriz Dorneles nomeia (apud KIGUEL, 1991: 24) como uma expulsão disfarçada daqueles que fogem à norma imposta pelo sistema e assim dissimular o terrível quadro de desigualdade nas oportunidades educacionais em nosso país.

O papel social da psicopedagogia se encontra com relevo nesta denúncia e numa ação institucional politicamente comprometida e consciente.

Como dissemos antes, o fracasso na aprendizagem pode estar ligado a fatores individuais, da ordem da dinâmica familiar. Conforme Sara Paín, tais fatores dizem respeito aos vários níveis concorrentes e inter-relacionados por meio dos quais ocorre a aprendizagem; organismo, corpo, inteligência e desejo (PAÍN, 1986: 22-25).

Nesta concepção, o organismo é tomado como estrutura neurofisiológica, herdada e individual, que concorre para a aprendizagem ao garantir a conservação e a disponibilidade dos esquemas de ação sobre o meio. Paín o distingue do corpo para assinalar este último como sede do psiquismo, mediador da ação e como sendo algo construído na relação com o outro e o mundo.

É com esta totalidade corpo-organismo, com suas condições fundadas ou adquiridas, que se aprende ou não se aprende; a avaliação psicopedagógica, nesta área corporal, recebe contribuições da neuropsicologia e da psicomotricidade, mas também da psicanálise; Fernández (1990: 59-60) aponta que este organismo atravessado pela inteligência e pelo desejo se mostra em um corpo, é corporificado que intervém na aprendizagem e isto nos impede de falar em problemas de aprendizagem de base orgânica ou de usar de modo exclusivo técnicas e instrumentos diagnósticos para avaliar adequação percepto-motora e têmporo-espacial.

A inteligência, construída na interação, refere-se à presença de estruturas lógicas capazes de organizar os objetos do conhecimento; os objetos se convertem em estímulos à medida que podem ser assimilados de forma significativa conforme já vimos. Se não há estruturas prévias suficientes, a interação com o real mantém-se desadaptada e relativa.

Toda possibilidade de compreensão supõe, portanto, uma coordenação entre os esquemas mentais da criança e os temas de seu conhecimento. No capítulo escrito por Vera Barros de Oliveira, os leitores puderam tomar contato com a evolução da brincadeira e do desenho e com a avaliação desta dimensão da aprendizagem para a qual concorre a avaliação da linguagem, como propõe Suelly Limongi.

O desejo, ainda segundo Fernández (1990: 73-74), é a dimensão simbólica, significante e a lógica da aprendizagem, conferindo-lhe um caráter individual, original e subjetivante. O nível simbólico (do inconsciente) organiza nossa vida afetiva através de emoções e do inconsciente e permite nos pôr em relação num movimento oposto ao da estrutura lógica que nos universaliza. A trama resultante da significação simbólica e da organização lógica é que constitui o pensamento; nele, desejo e inteligência estão intimamente relacionados. Os transtornos da aprendizagem nos permitem observar os efeitos que ocorrem quando a inteligência está submetida ao desejo. Leda Barone, no capítulo dedicado às contribuições da psicanálise, nos mostra como os primeiros relacionamentos marcam a constituição do sujeito e o caráter de sua aprendizagem.

O problema de aprendizagem que se origina neste contexto individual é entendido como um sintoma, na conceituação psicanalítica, segundo Paín (1986: 28); através da repressão do aprender, o indivíduo simboliza algo que tem uma função própria, integradora e equilibrante na dinâmica familiar. Corresponde o sintoma do não aprender à maneira que o sujeito tem para inserir-se numa realidade, constituída por uma situação peculiar. O sintoma marca a construção do corpo e da inteligência e assim a imagem corporal fica comprometida junto com a estrutura cognitiva.

A criança com problema de aprendizagem-sintoma não dispõe de recursos cognitivos para expressar sua queixa e simbolizar seu problema seja pelo brinquedo, pelo desenho ou pela linguagem, diferentemente da criança com problemas emocionais, mas com estrutura cognitiva intacta que pode falar sobre seu problema e assim objetivá-lo: "faço xixi na cama".

Aqui não é a escola que gera o problema, este já está instalado e a escola só faz denunciá-lo; a criança sofre os pais e não a escola já que a sua modalidade de aprendizagem é construída a partir do modelo dos pais e do caráter de suas primeiras aprendizagens informais. Embora a escola e os professores não concorram para a instalação desse modelo deficiente podem, entretanto, reforçá-lo.

A avaliação psicopedagógica, neste quadro de fatores internos dos problemas de aprendizagem, vai reportar-se às relações familiares, ao significado do problema para a família, à modalidade de transmissão do conhecimento no contexto familiar (se baseada em segredos, em conteúdos ocultos ou desfigurados, se associados a poder e autoridade); em suma, a investigação volta-se para o simbólico mais do que para o real. Elementos para esta avaliação foram extensamente colocados pela Prof. Rosa Maria Macedo na seção destinada à análise da família, suas funções, sua estrutura e dinâmica, além de suas relações com a escola, mas quero aqui focalizar na descrição de episódios marcantes no desenvolvimento das aprendizagens. A amamentação, o aprender a andar e comer sozinho, o controle da evacuação são exemplares, segundo Paín (1986: 35-47), para compreendermos o universo de significações em que a criança entrou como aprendente e os sentidos figurados do aprender que circulam na família. É importante que observemos o modo como estas aprendizagens ocorreram, o como, em vez do quando, pois os dados cronológicos e objetivos não nos ajudam e muitas vezes até escondem as principais questões.

Podemos arriscar uma profilaxia dos problemas de aprendizagem desta ordem?

Se educadores e profissionais de outras áreas de ajuda e saúde puderem compartilhar com o psicopedagogo a consideração daquelas condições desencadeantes, favoráveis ao desenvolvimento de problemas de aprendizagem, a identificação correta e precoce desses fatores de risco certamente terá efeitos positivos, se não impedindo, pelo menos evitando que se aprofunde o déficit; o tempo é fator primordial em matéria de aprendizagem e desenvolvimento do pensamento e a avaliação de como está o processo de aprendizagem das crianças pequenas de zero a seis anos mostra-se de grande importância neste enfoque preventivo.

Etapas da avaliação psicopedagógica

Um processo de avaliação de problemas de aprendizagem busca estabelecer relações entre o eixo do presente e o eixo do passado; do vivido no real e do vivido no simbólico do inconsciente; do normal e do patológico.

Das dificuldades em estabelecer claramente estas relações decorre para o profissional uma angústia e um tempo de espera que Fernández (1990) descreve como *angústia de não saber*, de ter que esperar para aprender; aprender o sintoma demanda um tempo e um esforço para aproximar-se de um quadro multifatorial que não nos oferece nenhuma síntese de antemão, no plano teórico.

Cada caso tem sua própria e única articulação e alcançá-la exige integração de conhecimentos teóricos de várias áreas, aliada a uma sensibilidade de escuta.

A avaliação demanda atentar também para a ansiedade da família e do paciente, para a faixa etária deste e sobretudo para a prioridade do vínculo entre o profissional e o paciente de modo a selecionar recursos diagnósticos que se percebam necessários para o caso em questão; a questão é levantar-se os indícios pertinentes com economia de esforço, minimizando o desgaste e garantindo um contexto de confiança.

Na primeira ocasião de entrevista, os pais expõem sua queixa inicial, o motivo primeiro ou mais evidente de sua preocupação; na sequência, outras entrevistas mais direcionadas buscarão reconstituir a história de vida do paciente e perceber a dinâmica familiar bem como as expectativas da família em relação à criança e ao atendimento profissional.

Seguem-se contatos em vários níveis; com o paciente, com a escola e o material escolar, com outros especialistas envolvidos.

Com o paciente, busca-se verificar a sua relação com a aprendizagem, seu funcionamento em situações específicas e não específicas de leitura, escrita e cálculo; incluem-se a avaliação da capacidade de aprender através de situações cognitivas e lúdicas, verifica-se como o sujeito trabalha em termos de ritmo, organização, autonomia; atenta-se para o processo de aprender e suas lacunas tais como medos, interdições, ansiedades e inadaptações.

Acima de tudo, a fase de avaliação busca criar um espaço de confiança, de jogo e de criatividade, pois só neste contexto se poderá desenvolver a escuta e o olhar clínico e dar voz própria ao paciente para que ele expresse finalmente a sua queixa.

O contato com o material escolar nos oferece uma aproximação ao vínculo que o paciente mantém com a escola e o estudo, através do grau de asseio e de ordem, da atitude de interesse para com o seu material, dos erros apresentados e da qualidade

de relação com o professor (através de recados, correções, tipo de exercícios).

No contato com a escola procura-se investigar o método de ensino e as exigências em comparação com a etapa da escolaridade e com o próprio paciente; analisa-se o material pedagógico quanto ao caráter facilitador da aprendizagem, investiga-se a relação professor-aluno, verifica-se a existência de rótulos ou juízos preestabelecidos atribuídos à criança.

É indispensável a comunicação com outros profissionais que estejam envolvidos com a problemática, seja o pediatra, fonoaudiólogo, neurologista ou oculista. O psicopedagogo não pode ser onipotente e pensar prescindir do auxílio destas outras especialidades; deve reconhecer seus limites de ação e buscar o concurso de outros, tanto no diagnóstico como no tratamento.

Segue-se a este período de investigação uma fase muito importante para a sequência do processo que é a devolução de dados; para o paciente, para a família e para a escola. Pode ser considerada parte já do tratamento, pois trata-se de "ensinar" o diagnóstico, isto é, procura-se corrigir ou modificar suas explicações para que possam assumir o problema em sua dimensão real (PAÍN, 1986: 42) e, assim, assumir também o tratamento, comprometendo-se e colaborando com ele. Muitos percalços posteriores como resistências, "sabotagens" e abandono do tratamento poderão ser amenizados ou evitados com o cuidado em se colocar posições bem precisas quanto à maneira de compreender o problema e conduzir o tratamento; sempre de forma assintomática e não limitado aos resultados escolares, já que se trata de aprendizagem e de uma nova maneira de se relacionar com o mundo e consigo mesmo e não apenas de escolaridade. É o momento para a mobilização dos aspectos positivos, dos recursos que a criança e a família já possuem em termos de capacidade para aprender e para amar. A própria sobrevivência da criança nos assegura que existem as duas possibilidades em algum lugar e em algum grau, do contrário ela não teria resistido.

Desta forma, na devolução de dados faz-se:

– o inventário da coleta de dados observados, em primeiro lugar destacando os pontos positivos para depois colocar os aspectos mais comprometidos.

– procura-se estabelecer relações entre os dados, ao nível histórico e ao nível do presente.

– colocam-se hipóteses e prognósticos como detalhamento e explicação do diagnóstico.

Algumas colocações de ordem ética são aqui necessárias; em primeiro lugar, a proteção do sigilo e o critério na divulgação de informações do paciente para a família e para a escola devem ser objeto de cuidado devido ao mau uso e aumento de ansiedade e culpa que podem gerar, além do prejuízo na confiança depositada no profissional. Outra questão ética importante é evitar o diagnóstico excludente e fechado, que condene o paciente e impossibilite qualquer progresso na sua situação.

Restabelecer a confiança na dinâmica da família e nos recursos internos do paciente, rebaixar a culpa e a ansiedade dos pais a fim de obter sua colaboração é o passo final desta avaliação e o primeiro para um tratamento ou um encaminhamento eficaz.

Bibliografia

FERNÁNDEZ, Alicia. *A inteligência aprisionada*; *abordagem psicopedagógica clínica da criança e sua família*, Porto Alegre: Artes Médicas, 1990.

KIGUEL, Sônia. "Normalidade e Patologia no processo de aprendizagem: abordagem psicopedagógica", Revista *Psicopedagogia*", n. 21, vol. 10, Associação Brasileira de Psicopedagogia, São Paulo, 1991.

_____ "Abordagem psicopedagógica da aprendizagem". In: Scoz, Beatriz et al. *Psicopedagogia: o caráter interdisciplinar na formação e atuação profissional*, Porto Alegre: Artes Médicas, 1987.

MACEDO, Lino de. "Prefácio". In: Scoz, B.; Mendes, M.; Barone, L.; Campos, M. Célia M. (org.). *Psicopedagogia*: contextualização, *formação e atuação profissional*, Porto Alegre: Artes Médicas, 1992.

PAÍN, Sara. *Diagnóstico e tratamento dos problemas de aprendizagem*, Porto Alegre: Artes Médicas, 1986.

WEISS, Maria Lúcia Lemme. "Considerações sobre a instrumentação do psicopedagogo para o diagnóstico". In: *Scoz, Beatriz et al. (org.). Psicopedagogia; o caráter interdisciplinar na formação e atuação profissional*. Porto Alegre: Artes Médicas, 1987.

Conecte-se conosco:

 facebook.com/editoravozes

 @editoravozes

 @editora_vozes

 youtube.com/editoravozes

 +55 24 2233-9033

www.vozes.com.br

Conheça nossas lojas:

www.livrariavozes.com.br

Belo Horizonte – Brasília – Campinas – Cuiabá – Curitiba
Fortaleza – Juiz de Fora – Petrópolis – Recife – São Paulo

EDITORA VOZES LTDA.
Rua Frei Luís, 100 – Centro – Cep 25689-900 – Petrópolis, RJ
Tel.: (24) 2233-9000 – E-mail: vendas@vozes.com.br